한국형 은퇴플랜

한국형 은퇴플랜

한국형
은퇴플랜

김광주 지음

화끈하게 일하고 신나게 떠나라

은퇴는 빠를수록 좋다

우리는 한 달 생활비보다 더 많은 돈을 벌고 그 돈을 더 크게 불렸을 때 기뻐한다. 반대로 한 달 생활비에 못 미치는 돈을 벌고 버는 돈 가운데서 나가는 돈이 많을수록 낙심한다. 결국 언제나 여분이 있어야 안심하고 그 여분이 더 클 때 기뻐한다. 이유는 간단하다. 지금 당장도 문제거니와 앞으로 써야 할 돈이 더 많기 때문이다.

앞으로 써야 할 돈 가운데는 결혼을 목전에 둔 미혼남녀라면 당장 다급한 주택 마련 비용이 있고, 이미 가정을 꾸려 자녀가 있는 경우라면 교육비와 주택 소유 및 확장에 써야 할 자금이 있다. 그런데 그들 계좌에 필요한 자금이 준비되어 있다고 해도 대부분 사람들의 얼굴에서는 안정을 찾아볼 수 없다. 이런 현상은 주택 마련과 자녀교육 비용을 웬만큼 마무리한 사람들의 경우에도 크게 다르지 않다. 그것은 그 누구도 아직 해결하지 못한 가장 큰 비용, 즉 은퇴자금에 대한 부담이 있기 때문이다. 은퇴는 돈과 직결될 수밖에 없다.

　은퇴란 정년퇴직과 동의어가 아닐뿐더러 나이를 먹으니 당연히 밀려나야 한다는 뜻도 아니다. 즉 은퇴는 내가 무대에서 내려가는 것을 뜻하지 않는다. 은퇴는 내가 진정 원하는 일을 하는 것이며 돈이라는 현실적 굴레로부터 해방되는 것이다.

　성공한 사람들의 가장 큰 특징은 여전히 일을 하고 있고 그 일을 대단히 즐긴다는 점이다. 그들 대부분은 필요한 은퇴비용을 이미 마련해놓았지만 무대에서 내려오지 않는다. 가능하다면 어느 누구도 좋아하는 일을 멈추고 무대에서 내려오고 싶지는 않을 것이다. 진정한 은퇴란 내가 머물고 싶은 무대에서 퇴장명령을 받지 않는 것을 의미할 뿐, 그 시기가 꼭 50, 60세 이후일 필요는 없다. 오히려 빠르면 빠를수록 좋다. 그것은 우리 모두가 정말로 바라는 일이다.

　좀 더 빠른 은퇴를 위해 앞으로 10년을 투자하자. 물론 오늘 당장 가계부를 들여다보면서 10년 뒤를 미리 계산할 필요는 없다. 그것은 정말 어리석은 일이다. 살아가면서 생각대로, 계산대로 움직이지 않는 것 중에 하나가 바로 '돈'이다. 그렇지 않고서야 10년 전 평범한 월급쟁이가 10년 뒤 오늘 수십억 대에 달하는 부자가 될 수 없고 10년 전 이미 '돈'으로부터 은퇴할 만큼 부자였던 사람이 10년 후 오늘 거리의 노숙자로 전락해 있는 까닭을 설명할 방법이 없다.

　옛말에 "10년이면 강산도 변한다."고 했다. 한편 "사람에게는 평생 동안 인생을 바꿀 수 있는 세 번의 기회가 찾아온다."는 말도 있는데, 그건 로또와 같은 행운을 뜻하는 것이 아니다.

강산이 변하는 것을 경제의 변곡점으로 표현한다면 인생에서 세 번의 기회란 곧 10년에 한 번씩 찾아오는 변곡점을 잘만 이용하면 큰 기회를 잡을 수 있다는 뜻으로 생각한다. 어른이 되어 이런저런 경험을 쌓고 세상 이치에 좀 익숙해질 30세부터 사실상의 퇴장기였던 60세까지의 기간 30년을 생각하면, 10년에 한 번씩의 기회란 말이 꼭 맞아떨어진다. 그런데 이제 강산은 10년이 아니라 2~3년 만에 한 번씩 변한다. 이것이 앞으로 10년을 위해 준비해야 하는 이유다.

어떤 사람은 전쟁이라는 대격변기 속에서도 돈을 번다. 또 어떤 사람은 남들이 주식이나 부동산 투자를 통해 돈을 벌 때에도 오히려 크게 빚을 지고 만다. 결국 차이는 경제의 변곡점을 예상하면서 얼마나 '준비' 해왔는가에 달려 있다. 그러나 그 준비란 것이 아둥바둥 돈만 모은다고 될 일은 아니다. 돈은 쫓아가면 달아난다고 할 만큼 그림자 같은 속성이 있다. 사람의 인격은 그가 가진 지식이나 부의 정도 혹은 호감이 가는 얼굴, 세련된 매너 등 어느 한 요소에 의해 결정되는 것이 아니지 않은가. 마찬가지로 부자가 된다는 것 역시 여러 가지 요소들의 결정체로 이루어진다는 것을 많은 부자들과 상담하면서 알게 되었다.

이 책은 오늘 우리가 서 있는 현실을 바로 보는 것으로부터 시작하여 은퇴 준비 기간이 '왜 10년인가?' 를 통해 조기 은퇴의 충분한 가능성을 확인하고자 한다. 따라서 앞으로 10년간 우리에게 닥칠 몇 번의 변곡점을 10년 후 은퇴를 돕는 훌륭한 기회로 활용할 수 있도록 필요한 요소를 정리하였다. 이를 각각 자기관리, 지출관리, 투자관리, 위험관리, 가족관리 등 다섯 가지 핵심 관리 영역으로 분류하였다. 아울러 각 영역마다 필요한 관리원칙을 고객들의 추천 빈도수가 높은 순서대로 정리해두었다.

이런 과정에서 주목할 것은 부자가 되기 위해 가장 중요한 것이 얼마나 투자를 잘하느냐에 있지 않고 그것에 앞서 얼마나 자기관리를 잘하느냐와 얼마나 지출을 통제할 수 있느냐에 달려 있다는 것이다. 10년 후 경제적 은퇴를 하려는 사람들은 이 점을 정말 깊이 생각해봐야 한다.

또한 다섯 가지 핵심 관리 요소들이 '돈' 이라는 결과물과 어떻게 결합되는지 구체적인 재무설계 사례를 통해 확인하고 마지막으로 퇴직연금이나 국민연금 등 각종 정부 정책을 각 세대 혹은 개인들이 어떻게 하면 차별화된 이익으로 받아들일 수 있는지 간략하게나마 살펴보았다.

앞으로 살아가야 할 시대는 과거의 궤적과 비교할 수 없을 정도로 급속히 성장해갈 것이고 그로 인한 경제적 진폭 역시 롤러코스터를 탄 것 같은 현상을 연출할 가능성이 높다. 그만큼 변화라는 이름의 변곡점도 우리 곁을 자주 방문할 것이다. 그 변곡점이 10년 후 은퇴를 위한 기회의 미소로 올 것인지 아니면 위기의 절망으로 올 것인지는 그때 그 순간을 미리 대비하면서 얼마나 준비해왔는가에 달려 있다.

글을 마치면서 정리한 글을 다시 읽어보니 모자람으로 인해 부끄럽기 짝이 없지만, 10년 후 은퇴를 통해 진정 하고 싶은 일을 하면서 무대에서 오랫동안 즐기려는 사람들에게 조금이라도 도움이 될 수 있다면 족하다는 심정으로 마무리한다.

이 책을 낼 수 있도록 도와주신 하느님께 먼저 감사드리고 원고를 기획, 집필, 최종 출간하기까지 조언과 격려를 아끼지 않은 주위 분들과 한국재무설계(주)의 동료들, 그리고 지훈출판사 측에 진심어린 사랑의 마음을 전한다.

김광주

차 례

현재 상태를 정확히 파악하라

한국에서 서른 살 총각으로 산다는 것

사람들은 모른다. 내가 이기적이지 않다는 것을. 나는 다만 다른 사람들까지 신경 쓸 여유가 없을 뿐이다. 또한 사회학자라는 사람들이 신문과 방송에서 말하는 것처럼 그렇게 개인주의적이지도 않다. 그저 이 시대 최고의 가치라는 무한경쟁 속에서 낙오되지 않으려 애쓸 뿐이다.

나도 결혼을 하고 싶다. 그러나 아직 전셋집 한 칸 장만할 돈이 없다. 간혹 직장 선배들이 술자리에서 '수저 두 벌만 가지고 결혼했다'는 전설 같은 이야기를 무슨 무용담처럼 떠벌릴 땐 큰소리로 이렇게 외치고 싶다.

"어디 그런 여자 있으면 좀 알려주세요!"

내 친구들 중에도 제법 오랫동안 사귀어왔던 여자친구와 경제적인 기준에 대한 차이로 헤어진 녀석들이 많다. 그 모습을 지켜본 나로서는 애당초 상처받지 않는 길을 택하기로 했다.

그렇다고 내가 전혀 이성교제를 하지 않거나 그 즐거움을 모르는 것도 아니다. 금요일 저녁, 홍대 앞에 가보라. 함께 놀지 못해서 안달인 남녀가 많다. 나는 그저 책임지지 않을 만큼만 사귀고 즐긴다. 아직은 그렇다.

오히려 그런 쪽은 남자보다 여자가 더 노골적이다. 연애남, 결혼남을 철저하게 구분해가며 사귄다. 그런 여자들에게 나는 연애남일 뿐이다.

물론 나도 언젠가는 결혼할 것이다. 그러나 우선은 돈이 먼저다. 지금은 월급의 70% 정도를 펀드에 투자하고 있다. 수익률만 잘 받쳐준다면 한 3년 바짝 모아 1억 원을 만들고 싶다. 그렇다고 그 돈으로 결혼할 생각은 없다. 1억을 몽땅 털어넣어도 이것저것 결혼 비용에 전셋집 장만하고 나면 남는 게 없다. 결국 1억을 썩혀가면서 또 돈을 모아야 하는데, 그럴 자신이 없다.

좋은 직장에서 정규직으로 일하거나 전문직종에서 일하는 여자와 맞벌이할 수 있다면 모르겠는데, 그녀들의 눈높이엔 내가 없다. 나 역시 어중간한 상대를 만났을 때 그가 결혼을 평생직장으로 생각하게 될까 봐 두렵다.

선배들의 시대와 우리 세대는 엄연히 다르다. 특히 국민연금제도를 보면 단지 다르다는 차원을 넘어 아예 전투 모드다. 앞으로 내 알토란 같은 돈을 얼마나 많이 빼앗아 선배들의 은퇴자금으로 사용할지 알 수가 없다. 비록 중간 정산으로 많이 받아썼다고는 하지만 그래도 선배들에겐 퇴직금이 있었고 지금까지 월급도 받고 있다.

내겐 퇴직금이 따로 없다. 월급에 포함되어 나온다. 그리고 1년 단위의 연봉제로 인해 늘 불안하다. 당연히 이곳을 평생직장으로 생각할 수가 없다. 연말이 되면 사업부별로 성과급이 책정되고 인사고과에 따라 배당받는다. 승진 역시 마찬가지다. 그러니 옆자리 동료의 컴퓨터는 언제나 비밀번호로 잠겨 있다. 허심탄회하게 직장에 대한 불평을 나눌 만한 동료는커녕 업무와 관련된 것도 편하게 물어볼 수가 없다. 그래 봐야 제대로 가르쳐주지도 않는다. 숫제 그것도 안 배웠느냐는 투다. 자긴 바쁘니 성가시게 하지 말라는 태도다. 나도 자존심이 있지. 더 이상 물어보기 싫고 나 또한 대답하기 싫다.

그건 당연한 일이다. 이런 상황에서는 술 한잔 마시고 상사를 안주 삼아 스트레스 풀 만한 동료도 없다. 서로 눈치 보기에 바쁘다. 그런데 선배들은 나를 이기적이라고 한다. 개인주의적인 경향이 농후하다고 한다. 내가 정말 이기적인지 개인주의적인 경향이 농후한지는 알 수 없다. 나는 그저 지금 내가 처한 환경에서 열심히 살아갈 뿐이다. 지금의 내 인생에 최선을 다할 뿐이다. 그게 뭐가 나쁜가? 그들에겐 그들의 시대가 있었고 내겐 나의 시대가 있다.

서른 살, 부티나게 산다는 것

청년, 그대의 젊음이 부럽습니다. 친구들과 어울리기도 하고 가끔은 부드러운 음악이 흐르는 와인 바에서 새로 사귄 여자친구와 은밀한 사랑을 나누기도 하고 생각만 해도 가슴이 두근거리는 주말 저녁에는 청년이 말한 대로 홍대 앞 클럽에서 리드미컬한 힙합으로 온몸을 불태워버리기도 하겠군요.

그렇습니다. 4050세대에겐 그들의 시대가 있었고 청년에겐 그대의 시대가 있습니다. 그대는 개인주의적이지도 이기적이지도 않습니다. 다만 그대의 시대에 필요한 만큼 최선을 다할 뿐입니다. 그런 그대에게 박수를 보냅니다.

그러나 청년, 이 점을 한번 생각해보아야 합니다. 모든 일은 기본적으로 사람과 관계되어 있습니다. 사람이 일을 만들고 사람이 그 일을 하며 사람이 일에 대한 대가를 주고받고 사람이 그 일을 평가하며 사람이 사람을 격려하고 위로하며 사람이 사람으로 인해 기뻐합니다.

어떤 조사에 따르면 앞으로는 정년이 47세가 될 것이라고 예상하고 있습니다. 하지만 지금은 정해진 정년이 없는 시대입니다. 청년 스스로 정년을 결정해야 하는 시대에 청년과 함께할 사람은 누구입니까?

물론 청년과 4050의 시대는 다릅니다. 4050세대는 전혀 계획하지도 준비하지도 못한 채 정리해고와 퇴출이란 단어를 접한 세대입니다. 국민연금을 따지자면 청년은 당연히 그들에 비해 피해자입니다. 그러나 청년 같은 2030세대는 '계획'과 '준비'의 절절한 필요성을 제대로 알고 실천하는 첫 세대입니다. 또한 그대는 장기복리의 투자시대로 이끌어줄 퇴직연금제도의 주인공이기도 합니다.

어느 시대에서건 위기와 기회는 항상 공존합니다. 4060세대가 60세 정년이라는 고지식한 틀 가운데 자신들의 젊음을 가두어왔다면 2030세대는 계획적인 투자를 통해 자신들의 꿈을 실현할 수 있는 매력적인 시대의 중심에 서 있습니다.

청년, 나는 그대가 그런 경제적 자유의 한복판에서 정말 오랫동안 부티나게 살 수 있었으면 좋겠습니다. 사람들과 함께 기뻐할 수 있었으면 좋겠습니다.

나는 자유연애주의자도 페미니스트도 아니다

내 나이 서른아홉, 이젠 정말 짜증난다. 친척들의 측은한 눈빛 따윈 이미 옛일이 되어버렸다. 올케와 여동생마저 나를 은근히 부러워할 지경이니 사태는 오히려 역전된 셈이다.

딱 한 사람, 내가 결혼을 해야만 편히 눈을 감겠다는 어머니…. 예순다섯, 나이에 비해 너무 젊은 어머니가 그런 말을 할 때면 하도 우스워 이렇게 대답하고 만다.

"엄마가 결혼을 해야만 내가 편히 눈을 감겠수~."

그 부류에선 나름대로 신세대로까지 불린다는 어머니의 그런 잔소리야 이 험한 세상, 홀로 살아가기 녹록지 않음을 몸소 체험한 경험에다 부모의 마음에서 비롯된 것이니 그러려니 하면 그뿐이다. 날 정말 짜증나게 하는 건 세상 사람들, 특히 남자들이다. 이 나이에 혼자 산다고 하면 두 가지 종류의 호기심으로 금세 눈빛이 달라진다. 하나는 자유연애주의자가 아닌가 하는 것이고, 다른 하나는 페미니스트가 아닌가 하는 것이다.

뭐 어찌 보면 그 둘이 서로 뒤섞이는 느낌이 없는 것도 아니지만 결론적으로 나는 그저 혼자 사는 것이 편하기 때문에 혼자 산다. 아직 결혼할 생각이 없을 뿐 결혼 자체를 잘못된 것으로 생각하지는 않는다.

물론 앞날은 나도 모른다. 갑자기 내가 어떤 남자와 첫눈에 반하여 서로 불꽃을 튀며 운명 어쩌고저쩌고 할 때가 올 수도 있다. 그렇게 가정을 만들고 아이를 낳아 함께 기르고 싶을 때가 있을지는 모르겠다. 그러나 현재로서는 그렇지 않다. 그리고 앞으로도 쉽게 그런 마음이 들 것 같진 않다.

어쨌거나 한국에서 여자 혼자 살아간다는 것이 쉽지 않은 일이라는 것은 안다. 가장 큰 이유로 '일'과 '돈'을 꼽을 수 있다. 물론 일을 하면 돈이 생긴다. 그러나 내가 언제까지 일을 할 수 있을지는 알 수 없으니 하루라도 빨리 돈을 모으고 싶다. 말하자면 하루라도 빨리 경제적인 은퇴를 하고 싶은 것이다. 다른 사람들이 나를 어떻게 보든 난 편하게 살고 싶다. 나는 자유연애주의자도, 페미니스트도 아니다.

골드미스, 골드보이, 당신의 자유는 언제까지인가?

1960년대 후반부터 1970년대 중반에 태어나 탄탄한 직장과 경제력을 바탕으로 독신생활을 즐기며 자기계발에 투자를 아끼지 않는 독신여성, 언젠가부터 우리 사회는 그들을 '골드미스'라고 부르기 시작했죠. 더욱 구체적으로는 연봉 4천만 원 이상의 전문직 종사자로 아파트에 살면서 개인 자산 8천만 원 이상을 보유한 독신여성을 가리킨답니다. 대체로 30대에 속해 있는, IMF를 경험한 그들은 그 시절 개인의 부가 개인의 평생을 얼마나 속박하는지 눈으로 보았던 여성들입니다.

그러나 사실 그들의 존재, 그 자체에 대한 관심은 그다지 중요하지 않습니다. 그들 역시 사회적으로 주목받는 것을 원하지도 않습니다. 그렇습니다. 다른 사람들이 어떻게 보든 그들에겐 중요한 일이 아닙니다. 다만 결혼이란 제도에 구속받지 않고 경제적인 여유를 통해 편하게 살고 싶을 뿐입니다.

어떤 매체에서 독신으로 살아가기 위해 꼭 필요한 것들에 대한 설문조사를 한 적이 있습니다. 그 결과 충분한 돈(48.6%)과 튼튼한 직업(42.4%)이 1, 2위를 차지했습니다. 건강(5.3%)과 외로움을 달래줄 이성친구(3.7%)는 그에 비해 수치가 적게 나타났고요.

독신자들의 건강이 기혼자들보다 더 좋지 않다는 것과 독신자가 기혼자들보다 빨리 사망한다는 등의 연구결과를 보면 건강과 외로움 극복에 대한 욕구는 독신자들의 나이가 많아질수록 함께 증가할 것 같습니다만, 그것을 모든 독신자들에게 적용시킬 수는 없을 것 같습니다. 오히려 부족하지 않을 만큼의 돈과 튼튼한 직업만 있으면 건강과 외로움은 모두 극복할 수 있다고 여기지 않을까 하는 생각도 듭니다.

그들 스스로 혹은 그들을 바라보는 다른 사람들의 생각이야 어떻든 세상의 관심은 그들이 가진 부에 있습니다. 백화점, 홈쇼핑,

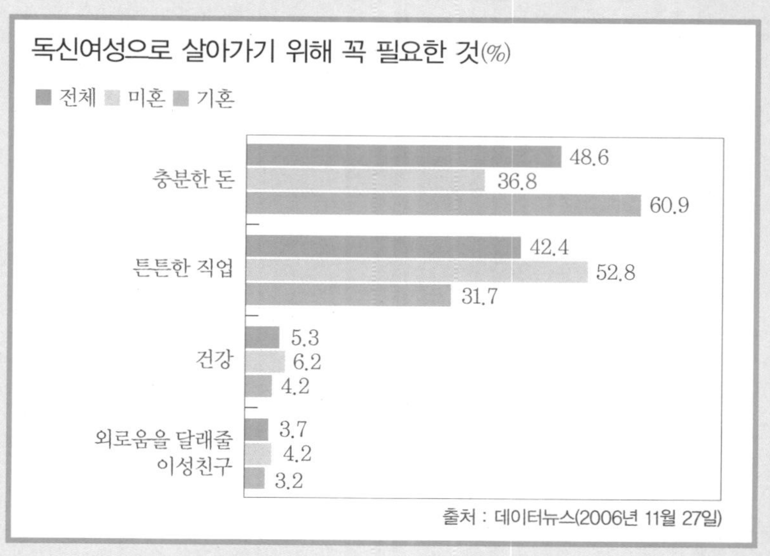

자동차, 가전, 의류, 화장품은 물론이고 호텔, 아파트, 은행, 증권 회사들까지 독신여성들을 대상으로 한 특화된 판촉 아이디어에 골몰하고 있습니다. 골드미스, 그들의 지갑은 곧 황금지갑이기 때문이지요.

여성이든 남성이든, 지금 현재 독신을 선택하였다면 이제부터 싸워 이겨야 할 대상은 당신의 지갑입니다. 그리고 성별을 떠나 어쩌면 혼자라는 사실 그 자체가 앞으로 50년 이상을 꿋꿋하게 보전해나가야 할 당신의 지갑에겐 가장 큰 위험요소입니다.

지금이 아니라 그 50년을 위해 어떤 준비를 하고 있습니까?

골드미스, 골드보이, 당신의 자유는 언제까지입니까?

IMF 이후 10년, 겨우 살아남았다. 그런데 은퇴?

이제 신문 보기가 두렵다. 신문마다 매일 은퇴에 관한 기사가 줄을 잇는데, 솔직히 우리 부부는 은퇴란 말만 들어도 괜한 짜증부터 난다. 지금 직장에서 언제까지 일할 수 있을지조차 알 수 없는데… 지금 받는 월급도 모자라 저축할 생각조차 못하고 있는데, 신문에서는 은퇴비용이 5억이니 10억이니 하는 소리를 아무렇지도 않게 해대고 있으니 그때마다 거대한 집단으로부터 조롱당하는 느낌이다.

잔뜩 긴장을 하고 주변을 둘러보면 다른 40대 중반의 가장들도 신문에서처럼 그만한 준비를 하고 있는 것이 아니어서 차라리 대부분은 우리와 비슷한 사정으로 살아가고 있다고 여기고 지내는 편이 더 낫겠단 생각이 든다. 산 입에 거미줄 칠 리 없고 또 우리 세대의 대부분이 처지가 비슷한데, 이렇게 살다 보면 무슨 방법이 있겠지 하는 막연한 생각도 하게 된다.

물론 은퇴에 대한 걱정에서 완전히 자유롭진 않다. 그렇다 보니 마음 한 구석이 늘 찜찜하다. 겉으론 태연한 척해도 속은 사실 답답하다. 때론 금융 계통에 근무하는 주변 사람들에게 넌지시 물어보고 싶을 때도 있다. 그러나 그것조차 두렵다. 신문에서처럼 이것저것 아껴서 이런저런 저축이나 투자를 해야 한다며 몇 가지 금융 상품을 들이대지 않을까 하는 걱정이 앞선다.

살고 있는 집 한 채 빼고 나면 가진 것 없는 우리 부부의 처지와 두 아이 밑으로 들어가는 교육비며 생활비조차 감당하기 버거운 현실에서 은퇴 준비라는 것은 다른 세상 사람들의 일이고 우리에게는 사치로밖에 보이지 않는다.

우리 부부에겐 그런 은퇴 준비보다 더 급한 것이 많다. 지금 다니는 직장에서 언제까지 버텨낼 수 있을지… 아이들을 제대로 된 대학에라도 보내려면 지금보다 과외를 더 시켜야겠는데 그 돈을 어떻게 감당할지… 장기 유학은 못 보내더라도 남들 다 간다는 단기 어학연수라도 보내야 할 텐데 그 돈은 또 어떻게 준비할지… 그런 것들이 더 급하다.

그런데 내가 생각하는 이런 현실적인 염려들이 정말 그렇게 잘못된 것일까? 우리나라가 언제부터 은퇴, 은퇴하면서 내가 지켜왔던 오늘 당장의 현실적인 일들을 깡그리 무시하는 세상이 되었는가? IMF 이후 지금껏 내 삶의 모든 목적은 단지 '살아남는 것'이었다. 구조조정이라는 미명 아래 하루가 멀다 하고 살생부가 떠돌던 직장에서, 젊은 날 친구들과 밤새 소주잔을 기울이며 끝까지 지키자고 다짐했던 모두의 권리는커녕 따뜻한 동료애조차 사치스럽다고 외면해버린 것도, 야근이 일상화되고 성과급과 근무평점 속에 무너진 자존심조차 헛웃음으로 넘겨버려야 했던 것도, 퇴직한 동료가 식당이라도 해본다며 개업했다가 1년 만에 다 날리고 정수기 한 대 들고 찾아왔을 때 몸을 숨기듯 자리를 피했던 것도 단지 살아남아야 한다는 이유 하나에서였다.

그리고 10년, 이제 겨우 살아남았다. 그런데 은퇴라니?

앞으로 10년 뒤, 당신의 자리는 어디인가?

우리가 사는 오늘이 어제의 끝과 잇닿아 있듯이 우리의 내일 또한 오늘의 끝에 생겨난 결과일 것입니다. 그러나 지난 10년 격동의 세월을 살아오면서 동시에 앞으로 10년을 준비하기란 말처럼 쉬운 일이 아닙니다. 이제 겨우 살아남았는데, 은퇴를 준비하라고?

삶은 늘 어린 시절 어머니가 했던 거짓말과 같아서 먼길을 가면서도 '이제 조금만 가면 목적지다', '저 산만 넘으면 된다', '이 고개만 넘으면 끝이다' 고 말하지만 그 자리에 도착하면 목적지는 또 저만큼 달아나 있습니다. 그러나 발에 물집 잡혀가며 몇 차례 실망을 반복하면서도 기어이 목적지에 다다르고 맙니다. 우리의 오늘이 있게 된 것처럼 말입니다.

그래도 오늘 이 자리는 우리의 최종 목적지가 아닙니다. 또다시 저만치 솟아 있는 10년이라는 이름의 산을 넘어야 합니다. 우리에게 잘못이 있다면 너무 허겁지겁, 단지 발 밑에 있을 낭떠러지만 생각하며 살아왔다는 사실입니다. 어린 시절 우리가 가야 할 길을 훤히 꿰뚫고 있었던 어머니와는 달리, 우리는 나아가야 할 삶의 여정을 좀더 멀리 조망하지 못했습니다.

그렇다고 크게 잘못된 일은 아닙니다. 돌이켜보면 지난 10년, 겨우 살아남았다는 사실 하나만으로도 당신은 이미 승리자입니다. 그 사이 당신은 참 많이 변했습니다. 그렇지만 개인과 가족의 생존을 담보로 살아와야 했던 시절, 정당한 권리와 동료애조차 사치였던 시절이었기에 그런 당신을 탓할 사람은 없습니다.

다만 한 가지, 꼭 기억해야 할 것이 있습니다. 지난 10년, 당신은 변했기에 살아남았습니다.

그렇다면 앞으로 10년 역시 변화하지 않으면 행복한 은퇴는 없습니다. 직장이든 주택이든 자녀든 사람에 대해서든 단지 살아남기 위한 지난 10년의 모습으로는 미래를 준비할 수 없습니다. 그리고 이제는 삶의 끝까지 멀리 내다보면서 계획해야 합니다.

주변을 둘러보면 저마다 비슷비슷하게 살아가는 듯합니다. 그러나 지난 10년이 그러했듯 비슷하다고 여겼던 동료들이, 이웃들이, 형제 친척들이 어느 날 불현듯 사라지거나 전혀 다른 모습으로 나타납니다. 이것은 마치 학창시절, 공부를 많이 못했다고 말하는 녀석이 성적은 늘 최고였던 이유가 친구들과 함께 논 뒤에도 그 녀석은 밤새 공부했기 때문인데 공연히 억울해하는 것과 같은 이치입니다.

앞으로 10년, 당신의 자리는 어디이기를 바랍니까?

아들아, 너 하나 잘되면 그뿐이다

벨 소리가 열 번이 넘게 울려도 남편은 휴대전화를 받지 않는다. 중요한 회의를 하는 모양이다. 그러면 미리 문자라도 보내줄 것이지… 오늘은 자기가 진성이를 맞이해달라고 아침부터 그렇게 얘기해두었건만. 아무래도 내가 일찍 들어가봐야 할 것 같은데 무슨 변명을 하고 빠져나갈까 하는 생각에 이마에 주름이 잡힌다. 내일이 부가세 신고일이라 오늘 정리해야 할 일이 산더미처럼 쌓여 있는데….

어린이집 종일반에 다니는 진성이가 추가로 신청한 저녁시간까지 마치고 집에 돌아오는 시간은 저녁 8시. 그럼 최소한 7시 50분까지는 집에 도착해 있어야 한다. 아니면 들어가는 길에 미리 전화를 해서 아예 어린이집으로 데리러 가든가. 가끔 길이 막히거나 급한 일이 생겨 늦게 퇴근하는 날에는 그렇게 한다. 그러나 진성이가 싫어한다. 선생님 말로는 7시 30분만 딱 되면 무조건 현관 앞에 나가 있단다. 이제 다섯 살인 진성이가 매일같이 하루 열 시간 이상 어린이집에 머문다는 것은 매우 힘든 일일 뿐 아니라 아이를 봐주는 선생님도 은근히 지치는 듯한 기색이다. 그렇지 않겠나? 선생님도 사람인데….

이런저런 생각을 하면 당장이라도 직장부터 때려치우고 싶다. 무엇보다 아이에게 못할 짓이다. 사실 따져보면 별 이득도 없다. 월급이라야 150만 원 정도. 여기서 이것저것 떼고 나면 내 손에는 140만 원 정도 들어온다. 그런데 진성이 앞으로만 딱 80만 원이 들어간다. 영어 어린이집 한 달 등록비가 70만 원에 토요일만 따로 배우는 오르다에 10만 원, 그리고 주말이면 내내 떨어져 지냈던 것에 보상이라도 하듯 놀이공원에 외식까지 하다 보면 내 월급으로 저축할 수 있는 돈은 거의 없는 셈이다.

결혼하면서 적어도 내 집 장만할 때까진 같이 벌자고 약속하여 지금까지 계속 직장을 다니고 있지만 생각만큼 돈이 모이지도 않는다. 그런데도 양가 부모 형제들 보기엔 맞벌이에 아이도 달랑 하나여서 편해 보이는지, 가족들이 우리에게 기대하는 부분도 크다.

이런 형편이니 남편과 나는 진성이 동생을 아예 생각조차 못하고 있는데 어른들은 은근히 손자를 더 바라는 눈치다. 그런 어른들에게 언젠가 딱 부러지게 말했다.

"비록 진성이 혼자지만 둘, 셋 못지않게 잘 키우겠습니다. 두 명 키울 돈으로 더 훌륭하게 키울 테니 염려 마세요."

그 말에 책임이라도 지듯, 올 초에 다섯 살부터 입학이 가능하다는 영어 어린이집으로 옮겼다. 처음엔 꽤 비싼 등록비 때문에 뜨악했지만 까짓 진성이 하난데 뭐 어때, 하는 심정으로 등록했다.

그러나 시간이 갈수록 자신이 없다. 지금 다섯 살인데 80만 원이 들면 나중엔 얼마가 더 들어가야 할까?

이러다 내 집 마련은커녕 백 살까지 살게 된다는 그 까마득한 세월 동안 은퇴 준비는 어떻게 할까 싶어 답답해진다. 그러나 하나뿐인 아들은 정말 제대로 키워보고 싶다.

"아들아, 너 하나 잘되면 그뿐이다."

다시 남편에게 전화를 걸어보지만, 열 번 넘게 신호가 가도 받지 않는다.

'너 하나만 잘되면' 정말 큰일이다

다 키운 자식들 때문에 속병을 앓는 부모들은 크게 두 부류로 나뉩니다. 첫째는 어른이 되었어도 독립을 못해 여전히 부모에게 기대는 자식들로 인해 생겨난 갈등이며, 두 번째는 경제적으로 자리 잡은 자녀를 둔 부모들이 그 자녀들에게 가지는 보상심리, 기대심리로 인한 갈등입니다.

갈수록 청년실업률이 증가하고 있는 요즘은 첫째 요인으로 인한 갈등이 많습니다. 부모에게 손 내미는 자식들의 심정이야 오죽하겠습니까마는 병원 치료비를 비롯한 관만찮은 은퇴자금이 필요한 부모들의 입장에서도 답답하긴 마찬가지입니다. 때때로 적지만 억척스럽게 모은 돈을 자식에게 내어놓고 그 길로 바로 외면당하기 시작한 친구들 이야기가 들려오기도 합니다.

거기에 비하면 두 번째 부류, 즉 성공한 자녀들에게 가지는 보상심리로 인한 갈등은 어찌 보면 배부른 부모들의 투정같이 느껴지기도 합니다. 그러나 자식들에게 모든 것을 쏟아 붓고도 외면당

했다고 생각하는 부모들의 심정은 거의 화병에 가깝습니다.

은퇴 관련 자료들을 보면 필요자금을 적게는 6억에서 많게는 12억까지 제시하고 있습니다. 그 금액의 적정성을 논하자는 것이 아니라, 이런 자료를 자주 접하다 보니 가까운 미래에, 그리고 일부는 이미 현실이 되어버린 노인과 청년 간의 갈등 혹은 부모와 자식 간의 갈등에 대한 두려움이 심각한 저출산에도 큰 영향을 끼친다는 사실을 깨닫게 된다는 것입니다.

자녀를 가질 수 있는 정상적인 부부가 단지 노후에 대한 두려움으로 자식을 포기한다는 것은 그들 자신에게는 물론 국가나 사회 측면에서도 큰 불행입니다. 그것은 미래에 대한 비관이기에 앞서 생명의 미래를 부정하는, 나아가 자기 자신에 대한 부정일 수 있기 때문입니다. 또한 현재의 저출산 현상을 일으킨 30대가 장년, 노년 세대가 되는 시점에서는 경제활동 인구의 급격한 감소로 인해 그 파급효과가 부메랑처럼 돌아오게 됩니다.

혹시 당신의 자녀가 현재 중학교 1학년인데, 이미 2, 3학년 정도의 학습 진도를 마쳤고 학원을 여러 군데 다니느라 일상이 늘 바쁘지는 않습니까? 과외비 지출이 크지는 않습니까? 그런 부모는 결국 나중에 어른이 된 자녀와 위의 첫 번째 혹은 두 번째 갈등에 직면할 가능성이 많습니다.

부모들이 앞서 끌고 다녔으니 아이의 독립심이 뒤처질 것은 뻔한 이치이고, 그렇게 해서 성공한 자녀를 만들었다 하더라도 그에 대한 보상심리는 다른 여느 부모들보다 클 것입니다. 또 성공한 자녀가 그 성공을 얼마나 오랫동안 지속해나갈지도 의문스럽습니다.

결국 그런 성공은 부모에게 은퇴 이후 심리적인 평안과 경제적인
자유까지 보장해줄 가능성이 그리 높지 않습니다.

같이 잘되어야지, '너 하나만 잘되면' 정말 큰일입니다.

한때는 나도 잘나가던 때가 있었다

아무리 생각해도 마땅히 다른 방법이 없다. 오늘 한 번 더 부딪쳐봐야겠다. 내가 이 나이에 노인 취급을 받는다는 것은 말도 안 된다. 젊은 사람들을 위해 그만 양보하라니…. 내가 그 나이 땐 이깟 작은 경비직에 목매고 있지 않았다. 젊은 놈들이 그 힘으로 무슨 할 일이 없어 아파트까지 흘러들어온단 말인가. 정말 일할 마음이 있다면 공사판이라도 찾아보는 게 맞지….

관리소장이 입주민 핑계를 대는 것도 다 속 보이는 짓이다. 며칠 전에는 102동에서 이사나간 아주머니가 유행은 지났지만 너무 비싼 옷이라 그냥 버리기 아깝다며 겨울 외투 한 벌을 건네면서 나같이 친절하고 성실한 경비원은 없었다고 했다. 또 101동에 사는 동민이 아빠는 늦은 밤 거나하게 취해 돌아오면 언제나 나를 선생님이라 불렀다. 분명 옛날에 대단한 자리에 있었던 분 같다면서…. 물론 술이 깨어 맨정신으로 돌아오면 언제 그랬냐는 듯 아저씨라고 부르는 것이 좀 얄밉기도 하지만, 사람이 술 취했을 때 본심이 나오는 법이니 나를 제대로 보긴 본 셈이다.

사실 동민이 아빠한테서 선생님이라는 소리를 들으면 다소 우울해진다. 언젠가부터 억지로라도 잊어버리려 애쓰지만, 선생님이란 소리만 들으면 은행 지점장이었던 시절이 생각나서 기분이 썩 유쾌하지만은 않다.

나이 쉰 살이 넘었어도 그땐 잘 몰랐다. 직장이란 것이 높이 오르면 오를수록 떨어져야 할 날이 가까워진다는 것을. 아니, 알았다 해도 나는 아닐 거라 생각했다. 어차피 자본주의는 유능한 사람만이 살아남는 전쟁터이고, 지점장으로 승진되었다는 것은 유능한 사람이란 뜻인데 내가 떨어질 이유가 하나도 없어 보였다.

그런데 떨어졌다. 지점장이 된 지 꼭 1년 만에…. 참 막막했다. 평생을 은행에서만 살아오다 보니 당장 뭘 해야 할지도 몰랐다. 그때 큰아이가 군복무를 마치고 대학 3학년에 복학하고 작은아이는 대학 2학년인가 그랬다. 그동안 선배들이 아이들 시집, 장가보낸다고 청첩장 보내올 때마다 우리 애들 생각하며 부조봉투에 배춧잎을 꾹꾹 밀어넣었는데, 본전을 뽑기는커녕 당장 실업자가 되어 등록금부터 걱정해야 하는 처지가 되고 보니 상실감은 더 컸다.

그래도 한때 지점장이었다는 생각에서 이것저것 함부로 뛰어들 수도 없어 선택한 것이 대형 빵집 체인점이었는데, 1년 만에 털어먹고 다시 식당 한두 개 해보고 나니 아파트마저 날아가고 이 나이에 빚만 남았다.

억지로나마 건진 것이 있다면 애들 대학교까진 졸업시킨 것이다. 그래서 이젠 애들이 다 컸으니 도움을 받을 수도 있겠지만 애들 사정도 그리 썩 좋지는 않다. 그나마 큰애는 작은 회사라도 취직해서 다니고 있지만 작은아이인 딸애는 아직도 아르바이트 수준이다. 애들 결혼할 때 내가 달리 도와줄 형편도 아니니 지금 힘들다고 해서 손 내밀 체면도 없다.

내 나이 예순둘, 아무리 생각해도 방법이 없다. 오늘 한 번 더 부딪쳐봐야겠다.

지금 중요한 것은 내일이다

2007년 3월 기준 우리나라 전체 급여생활자의 평균 근속기간은 4년 6개월입니다. 또한 전체 급여생활자 가운데 36%가 비정규직이며 1년 미만의 한시적 근로자가 비정규직 근로자의 56.9%에 달합니다.

갈수록 직장인들의 평균 근속기간이 짧아지고, 비정규직 비율이 증가할 것이라는 등의 이야기는 새삼 되풀이하지 않겠습니다. 지금 당신이 하고 있는 일, 어쩌면 오늘도 다른 회사의 채용광고를 유심히 살펴보며 억지로 하고 있을지도 모를 그 일이 '한때 잘나갔던 당신의 옛날' 일 수 있다는 사실입니다.

제조업 분야의 대기업들이 생산기지를 해외로 옮기는 현상은 이미 일반화되었습니다. 또한 학력 인플레도 문제거니와 산업 전반에서 자본집약도가 높아짐에 따라 소위 말하는 '고용 없는 성장'이 앞으로 더욱 기승을 부릴 것입니다. 한마디로 1인당 국민소득은 증가하여 선진국이 되었는데 내가 일할 자리는 없어지는 아

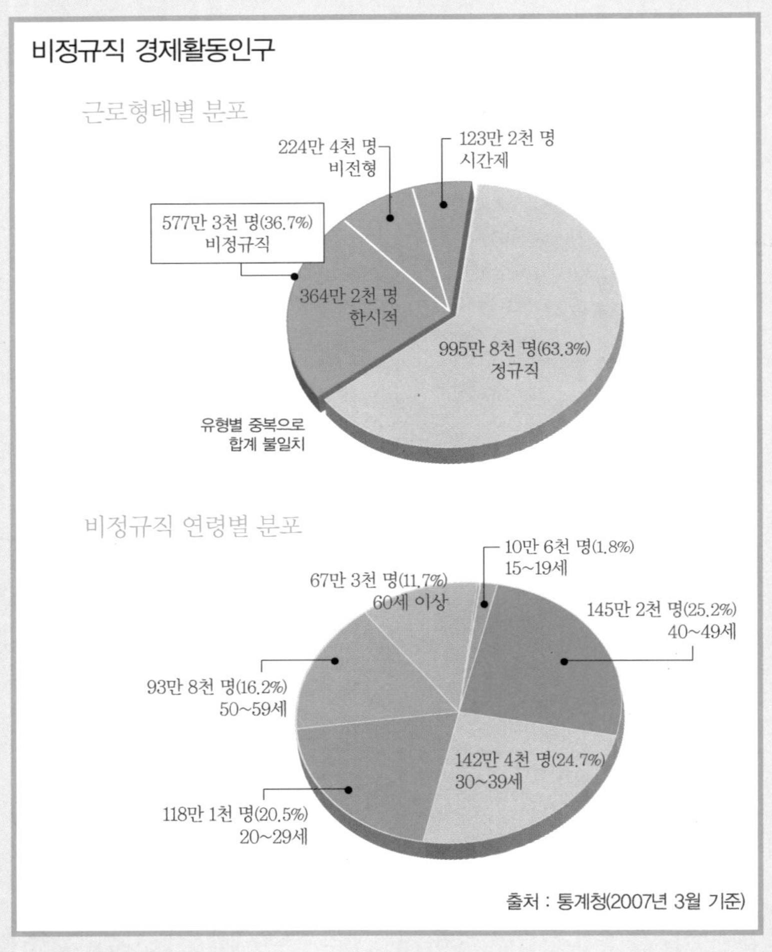

이러니한 현상이 더욱 많이 발생한다는 뜻입니다. 우리는 그 결과를 '부익부, 빈익빈의 양극화 현상' 이라고 합니다.

아무리 생각해도 달리 마땅한 방법을 찾지 못하고 고용주를 찾아가 오늘 한 번 더 부딪쳐봐야겠다는 생각을 하게 될 날이 생각보다 가까이 다가와 있을지 모릅니다. 사실, 일만 계속할 수 있다면 돈은 그다지 중요하지 않을 것입니다. 돈은 직업이라는 파이프를 통해 흘러나옵니다. 앞으로 3년 뒤, 5년 뒤, 10년 뒤에도 당신의 파이프는 튼튼할까요?

오늘보다 내일이 더 중요합니다.

그놈의 아파트, 내 남편 성질까지 잡아버렸다

애당초 남편을 믿는 것이 아니었다. 첫애를 시어머니에게 맡기고 그때부터 돈 벌 궁리를 하는 게 맞았다.

친구 미영이는 한 달 200만 원을 번다. 그때 나도 학원을 다니면서 피부관리사 자격증을 땄더라면 지금쯤 그만큼은 벌고 있을 것이다.

남편은 그때 그랬다. 아내 돈 벌러 내보내는 쪼잔한 남자 만들지 말라고…. 호탕하고 때론 오버한다 싶은 남편의 그런 태도에 왠지 모를 믿음이 갔다. 그렇다고 지금 남편이 실직하거나 예전의 그 호기가 없어진 것도 아니다. 다만 조금씩 불안해진다. 두려운 것은, 내가 느끼는 그런 불안에는 분명한 이유가 있다는 것이다.

일곱 살 동연이의 입에서 왜 우린 아파트에서 살지 않느냐는 소리를 들었을 땐 참 당황스러웠다. 마음이 짠한 것은 사실 동연이보다 두 살 많은 누나 정연이 때문이다. 정연이 입에선 아직 한 번도 그런 말이 나오지 않았다. 딴엔 누나라고 같이 유치원 다닐 땐 동생 엉덩이까지 닦아주던 아이였다. 생각해보니 정연이는 간혹 다른 친구들 집에서 같이 숙제를 하고 오면서도 정작 자기는 또래 친구를 집에 데리고 온 적이 없다.

우리가 사는 빌라 부근에 대단지 아파트가 들어서면서 유치원도 복잡해지고 정연이 반에도 새로 전학 온 학생들이 많아졌다. 물론 그들 대다수는 새로 입주한 아파트에 산다.

어린 동연이가 아파트에 사는 다른 친구들과 어울리면서 우리가 빌라에 사는 것 때문에 기분이 상하는 무슨 일이 있었던 모양이다. 살아오면서 순간순간 애들 때문에 속상한 일이야 더러 일어나지만 그저 애들이라 그러려니 싶어 대수롭지 않게 넘기곤 했는데 이번에는 좀 오래 마음이 상했다.

정말이지 이러다간 아파트가 영영 물 건너가는 것이 아닌가 하는 불안이 솟구쳤기 때문이다. 결혼하면서부터 남편 명의로 청약저축에 가입하여 벌써 9년째 월 10만 원씩을 꼬박꼬박 부어왔고 내 명의로는 청약부금을 가입하여 벌써 1순위 300만 원을 채우고도 5년이 지났다. 그때야 1순위가 되기만 하면 당장 아파트 한 채를 가질 수 있겠다 생각했는데 아파트는커녕 당장 올 연말에 전세금 올려달라고 할까 봐 걱정이 앞선다.

주변의 새 아파트들을 보면 평당 1천500만 원에 육박하고 제법 오래된 아파트조차 1천200만 원에서 1천300만 원을 호가한다. 금방금방 크는 아이들을 보면 방 세 칸에 106m²(32평)는 되어야 할 텐데, 그럼 어림잡아도 4억 원이 넘게 필요하지만 이리저리 다 털어넣어 봐야 1억 2천 정도 될까 말까다.

　신문에서는 집값이 더 떨어진다고 하지만 떨어져 봐야 얼마나
더 떨어질까 싶어 불안하다. 이러다 다시 오르기라도 하면 그야말
로 내 집 마련은 물 건너간다. 혹시나 하여 이리저리 은행 대출까
지 알아보며 따져보았으나 대출도 많이 못 받는다 하고 은행이자
도 높아 감당할 수가 없다.

　일단은 아무 생각 없이 돈을 더 벌어야겠는데, 남편 월급으로는
기대가 난망이다. 친구 미영이에게 넌지시 알아보았더니, 맘만 먹
으면 피부관리사로 일할 수 있는 기회는 있을 것 같은데 당장 아이
들이 걱정이다. 이제는 시어머니에게 부탁할 수도 없다. 지난해 맞
벌이하는 시누이가 첫애를 낳자마자 아이를 맡겨버려 우리 애들까
지 맡길 수 없는 형편이다. 그런 시누이가 얄미우면서도 부럽다.
이럴 때 친정이라도 가까우면 좋을 텐데….

　이제 남편은 내가 이런저런 푸념을 늘어놓아도 별말이 없다. 결
혼 10년 만에 그놈의 아파트가 내 남편 성질까지 죽여놓았나 싶어
안쓰럽지만, 짜증나는 딸꾹질처럼 되풀이되는 후회는 가실 길이
없다.

　딸꾹! 그래, 애당초 남편만 믿는 것이 아니었다.

준비 못한 은퇴, 성질이 아니라 목숨까지 잡는다

갈수록 평균수명이 늘어나고 있습니다. 이는 곧 낮은 출산율과 더불어 고령화 사회가 되어가고 있다는 뜻입니다. 그런데 늘어나는 평균수명과 함께 IMF 이후 급증한 것이 있습니다. 자살률, 특히 OECD 국가 가운데 1위를 차지하고 있다는 노인 자살률입니다.

지난 2000년에서 2004년까지 5년 동안 경찰청이 발표한 자살 현황을 보면, 연령별 인구대비 자살비율에서 61세 이상 노인들의 비중이 가장 높습니다. 연령 기준을 좀 더 높여보면 그 심각성은 극에 달합니다. 2004년 기준 75세 이상 인구 10만 명당 자살비율이 103명이었는데, 그 10년 전에는 비율이 단 24명이었다고 하니 10년간 무려 네 배 이상 증가한 셈입니다. IMF 후폭풍의 결과가 경제적 자립을 미처 준비하지 못한 노인세대에게 치명적으로 작용한 거겠지요.

혹시 '환갑'이란 말 들어보셨나요? 알고 있다고요? 그럼 요즘

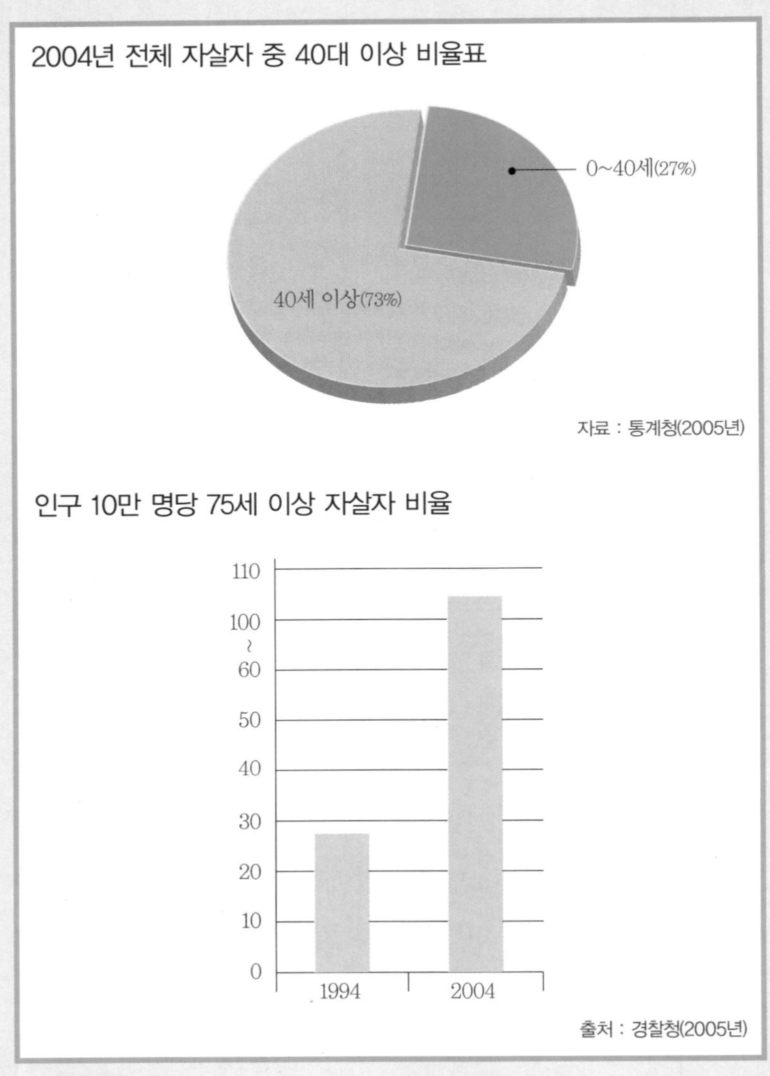

'환갑잔치' 한다는 소리는 들어보셨나요? 거의 못 듣지요? 60세가 더 이상 장수의 랜드마크가 아닌 시대에 일 없이, 돈 없이 살아간다는 것이 그만큼 위험한 세상이 되었습니다. 경제적인 문제로 자살을 선택하는 노인들의 심정을 무엇에 비할 수 있을까요?

우리 아이가 그럽니다. "아빠, 환경이 점점 더 나빠지고 있다는데 사람들의 수명은 왜 점점 더 늘어나요?"

제가 들어봐도 그것 참 신기한 일입니다만, 나빠진 환경과 늘어나는 수명 사이에 존재하는 해결 기제가 바로 돈입니다. 필요할 때 적절한 검사와 치료를 받게 해주고 더 좋은 음식을 먹게 해주며 필요한 도우미를 활용하고 여가를 편안하게 즐길 수 있게 해주는 돈, 떨어져 사는 자식들을 자주 불러들일 수 있게 하고 며느리와 손자들에게 용돈을 줄 수 있게 하는 돈, 그런 돈 말입니다.

당신은 어떻습니까? 61세가 되려면 아직 한참 남았다고요? 당신이 만약 20대라면 이제껏 경제적인 문제에서 상대적으로 고민 없이 살아왔던 20년을 앞으로 딱 두 번만 더 겪으면 닥칠 것이고, 30대라면 같은 시간을 딱 한 번관 더 지내면 될 일이며, 40대인 당신은 지나온 시간에서 딱 절반만 더 보태면 금세 느껴질 시간입니다.

그놈의 아파트가 남편의 성질까지 잡아버린 일은 준비하지 못한 은퇴가 남편의 목숨까지 잡을 일에 비하면 정말 아무것도 아닙니다.

더욱 두려운 것은 이제부터 시작이라는 것

신혼 때 우리 부부는 사글셋방을 몇 달에 한 번씩 옮겨다니면서도 우리나라에서 처음 열린 88올림픽을 보기 위해 큰 맘 먹고 중고 텔레비전을 한 대 2만 원에 구입했다. 언덕배기 셋방에 들여놓은 텔레비전을 막 켜자마자 먹통이 되는 일이 있기도 했지만 그래도 행복했다.

부모에게 물려받은 재산 없이 특별히 부유하지도 가난하지도 않았던 우리 부부가 다른 친구들의 결혼식을 몇 번 쫓아다닌 끝에 오랜 연애를 접고 갑작스럽게 결혼을 선언한 것도 집 한 칸 제대로 장만할 만한 돈이 생겨서가 아니었다. 두 아이를 키우면서 힘들게 마련한 돈이 친구의 빚보증으로 한순간에 날아가버렸을 때, 정말 하늘이 노랗고 다리에 힘이 빠져 일어설 수조차 없었지만 밤늦게 찾아온 그 친구와 포장마차에서 소주 한잔 털어넣고 면목 없다는 친구의 축 처진 어깻죽지를 툭툭 치면서 오히려 호탕하게 웃을 수 있었던 것 또한 남모르게 감추어둔 비자금이 있어서가 아니었다.

그때 나는 분명 좌절했지만 이겨냈다. 왜 그런 낙관적인 생각이 나를 지배하고 있었는지 알 수 없었고 그저 젊은 패기 정도로만 이해했는데 지금 이 나이에 이르고 보니 내가 가졌던 낙관의 구체적인 이유를 알겠다. 그것은 시간이었고, 자라나는 아이들을 바라보며 가졌던 막연한 기대였다.

그런데 이젠 두렵다. 그렇다고 우리 가정이 지금 파산 상태에 이른 것도 아니며 아이들이 잘못되어버린 것도 아니다. 또한 적어도 나이 60, 70이 넘도록 일할 자신도 있다. 그런데 왜 점점 두려울까?

분명 우리 가정의 한 달 수입은 예전보다 훨씬 늘었다. 그런데 즐겁지가 않다. 호주머니에 돈 한 푼 없이 밤새껏 친구들과 어울리곤 했는데, 이젠 동창모임에도 다른 핑계를 둘러대며 빠지는 것이 도리어 맘이 편하다. 이런저런 청첩장이나 부고장을 대하면 즐겁거나 안타까운 마음이 먼저 일기보다 봉투 속에 얼마를 넣어야 할지부터 계산하게 되어 짜증스럽다.

얼마 전 아는 선배가 필리핀으로 은퇴이민을 떠난다고 했다.

"아무리 물가가 싸다지만 아는 사람도 없는 곳에서 뭔 재미로…" 했더니 그 선배는 "한국에선 그 돈으로 경조사 부조 내면 딱인데 어떻게 살아…?"라고 말했다.

박봉이었지만 오랜 군인생활 끝에 받은 퇴직연금이라도 있어 그런 궁리조차 할 수 있는 선배가 부러웠다. 그러고 보니 그 선배는 후배들에게 밥 한 끼 사준 적이 없다. 군인이었으니 부대 밖 생활이 자유롭지도 못했지만, 공무원보다 더 박봉이라고 생각한 후

배들조차 그런 선배에게 어떤 서운함도 갖지 않았다.

그 선배에 비하면 나는 꽤 아내를 괴롭힌 사람이다. 밤늦게 후배들을 끌고 들이닥치지를 않나, 친구 좋다며 이런저런 사정 봐주다 크게 떼이질 않나…. 그런데 이젠 두렵다. 오랫동안 연락도 없던 친구에게서 전화가 걸려올 때 두렵고, 퇴근 무렵 낯익은 후배가 느닷없이 사무실 문을 열고 들어설 때 두렵다.

나도 그 선배처럼 은퇴이민이라도 갈 수 있으면 좋겠는데… 지난번 집 사면서 퇴직금을 중간정산 받아 써버렸다. 그러나 사실은 은퇴이민을 못 가서 두려운 것도 아니고 퇴직금을 다 날려버려 두려운 것도 아니다. 정말 두려운 것은, 이런 기분이 끝이 아니라 이제부터 시작일 것 같은 느낌 때문이다.

그러나 시작이 힘들 뿐이다

맞습니다. 한국인 대다수가 은퇴에 대해 가지는 기분은 생경함을 뛰어넘어 낭패감입니다. 특히 아무런 준비조차 없이 오직 가족을 위해 오늘 하루를 살아남는 데 최선을 다해야 했던 4050세대의 두려움은 낭패감만으로도 설명되지 않습니다. 그들이 느끼는 것은 두려움, 바로 그 자체입니다.

40대는 은퇴를 곧 '조기실직'으로 받아들일 정도로 미래에 대한 자신감도 훨씬 떨어져 있습니다. 최근의 한 언론보도에 따르면, '은퇴' 하면 떠오르는 단어로 선진국 사람들은 여유와 즐거움 등을 먼저 생각하는 반면, 우리는 걱정과 두려움을 생각하는 비율이 훨씬 높다고 합니다. 이유는 간단합니다. 은퇴를 위한 준비가 되어 있지 않기 때문입니다. 누구에게나 어떤 일을 준비 없이 갑작스럽게 맞이하는 일은 두려울 수밖에 없습니다.

어느 날 밤, 갑자기 전기가 나가버린 경험이 있나요? 그 짧은 순간 아이들은 울기 시작하고 어른들은 손전등이나 촛불, 성냥을 찾기 위해 허둥대던 기억 말입니다. 준비하지 못한 은퇴란 그런 갑작스런 정전과 다르지 않습니다. 그러나 한순간의 정전이야 조금 지나면 다시 환한 세상을 맞이할 수 있지만, 아무런 준비가 없는 상태에서 어제까지 고정적으로 들어오던 수입이 뚝 끊겨버리는 은퇴는 시간이 지난다고 해결될 일이 아닙니다.

사람들은 누구나 두려움을 싫어합니다. 두려움을 오히려 쾌락으로 역이용한 롤러코스터나 바이킹 그리고 공포영화와 귀신 이야기들은 한결같이 분명한 '끝'을 가지고 있고, 그 끝 이후에는 완전히 반전된 세상에서 그때의 공포를 자랑삼아 떠벌리는 '재미'로 보상받을 수 있습니다. 하지만 준비하지 못한 은퇴, 떠밀려 맞이한 은퇴는 그 끝이 보장되어 있지 않습니다. 굳이 끝이 있다면… 그저 초라한 죽음이 있을 뿐입니다.

어느 누군가가 그랬던가요? 우리가 울면서 태어날 때 다른 사람들은 우리를 보며 웃고 있었다고요. 초라한 죽음이란 어쩌면 태어날 때처럼 우린 여전히 울고 다른 사람들은 여전히 웃는 그런 게 아닐까 하는 생각을 해봅니다. 그러다 보면 준비하지 못한 은퇴란 두려움을 넘어 공포로 다가옵니다.

준비하지 못한 사람들의 특징은 마냥 피하려 한다는 것입니다. 롤러코스터처럼 과감하게 타볼 생각도 못하고 귀신 이야기처럼 일부러 들으려고도 하지 않습니다. 준비하지 못했다는 사실을 인정한다면 지금부터라도 먼저 귀를 기울여야 합니다.

그렇다고 해서 한국의 4050세대에게 있어 은퇴란 것이 전혀 준비하지 못한 문제, 혹은 지금부터 서둘러 준비하더라도 불가능한 문제로 보지 않습니다. 먼저, 귀를 기울이면 지금의 4050세대에게 은퇴를 위해 준비된 것들이 의외로 많다는 것을 알게 됩니다.

사실 우리는 이미 현실이라는 롤러코스터에 올라타고 있습니다. 현실이라는 호랑이 등에 올라타 있는 거죠. 현실이라고 이름 붙은 귀신 이야기 속에 이미 빨려 들어가 있습니다.

문제는 우리가 즐겨 말하는 현실이라는 것이 적어도 은퇴에 관한 한 롤러코스터며 호랑이 등이며 귀신이라는 사실을 먼저 깨닫는 데 있습니다. 그리고 내려오려는 마음을 가지는 것이 중요합니다. 어떻습니까? 목숨이 다하는 순간까지 롤러코스터에 올라타 있고 싶진 않겠지요?

은퇴 준비로 고민하는 4050세대에게 있어 가장 바람직한 출발은 그 분명한 사실을 인식하는 것만으로 충분합니다. 다만 시작이 힘들 뿐입니다.

10년 후 은퇴, 꿈이 아니다

왜 10년인가?
앞으로 10년, 적어도 세 번 이상의 기회가 당신을 기다리고 있다.

단기간에 버는 것은 단기간에 소비한다. 1년에 왕창 번 사람치고 그 돈을 오랫동안 보관하는 사람은 흔치 않다. 급하게 벌다 보니 대부분 노력보다 운이 작용했다. 로또는 극단적인 경우다. 땀이 배지 않은 돈은 소중함이 없다. 당연히 체하기 마련이다.

주변에 돈 번 사람들, 특히 1~2년에 큰돈을 모은 사람들을 보면 그들의 여유는 3~4년을 넘지 못했다. 또한 3~4년 동안 급하게 부자가 된 사람들 역시 10년을 넘지 못했다. 이 말은 돈을 모두 탕진했다는 뜻만은 아니다. 설령 돈은 남아 있더라도 건강이 나빠졌거나 가족관계가 힘들어져 그가 가진 돈이 더 이상 행복의 원천이 되지 못한다는 의미다.

그러나 10년 정도에 걸쳐 부자가 된 사람들은 기본적으로 돈에 대한 태도와 전체적인 행복의 균형이 잡혀 있다. 인지심리학에도 10년 법칙이라는 규칙이 있다. 어떤 분야에서건 10년 이상 부단히

지난 10년간 주가 변화 추이

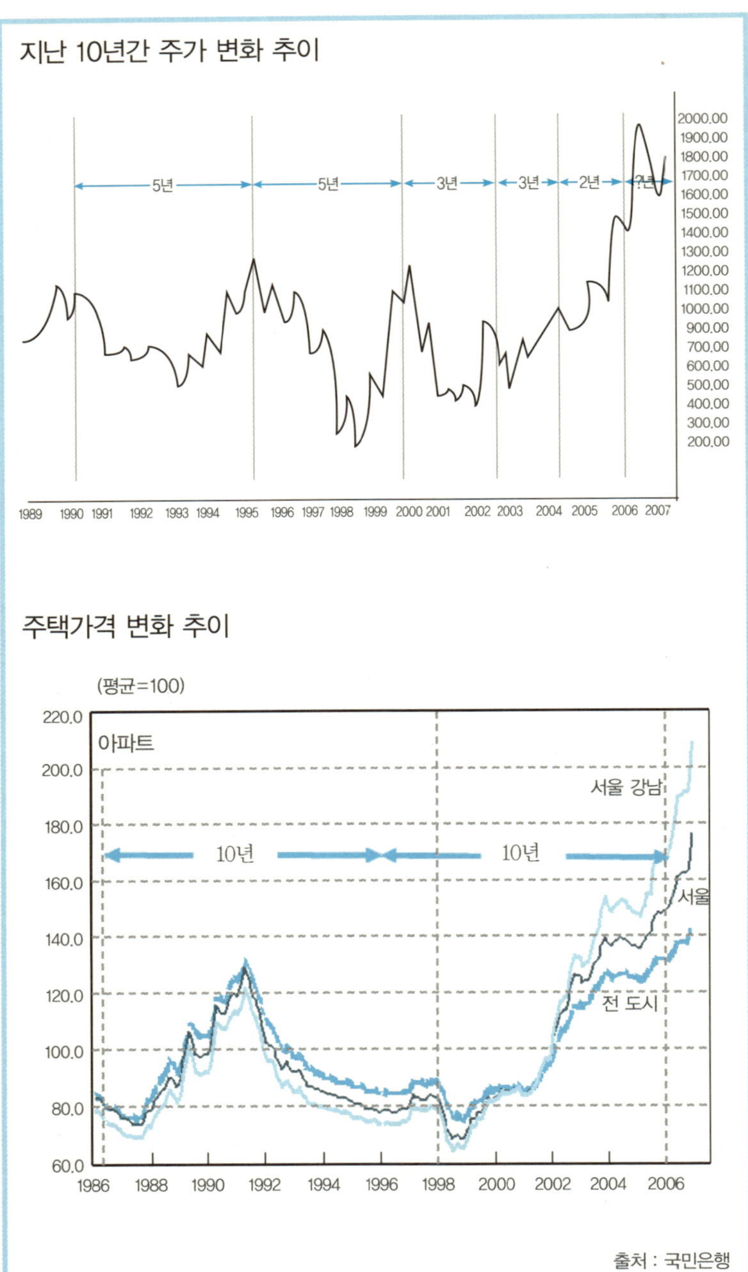

주택가격 변화 추이

노력하면 성취할 수 있다는 뜻이다. 10년 동안 부자가 되려면 계획 없이는 불가능하다. 달리 표현하면 계획하고 그에 따라 노력한 결과인 것이다.

또 그 10년 동안 몇 차례 이겨내어야 할 고비도 있었고 그런 과정에서 인내와 고통과 땀과 기쁨과 동료와 가족의 소중함도 알 수 있다. 끊임없는 자기계발과 좋은 습관도 만들어진다. 그렇게 부자가 된 사람들은 자신의 부에 대해 탄탄한 철학을 가지고 있다.

사업도 마찬가지다. 처음부터 대박인 사업은 쉽지 않다. 설령 그렇다 하더라도 오래가지 못한다. 1999~2000년의 벤처열풍을 기억해보면 쉽다. 반면에 10년에 걸쳐 꾸준히 노력하여 성공에 이른 기업의 내공은 단단할 수밖에 없다. 주변에서 어렵게 기업하던 사람이 어느 날 갑자기 부자가 되었다고 할 때 그의 부는 '어느 날 갑자기'가 아닌 것이다.

지금 현재 갚아야 할 빚이 많은가? 이래서는 언제 빚 갚고 부자가 될 수 있을까 싶어 아예 포기하고 낙담하여 힘없는 하루하루를 살고 있지는 않은가? 그런 사람에게 10년은 정말 기회의 시간이다. 아직 당신에게 10년을 투자할 수 있는 시간이 있다면 그것으로 이미 당신은 부자가 된 것이다.

이제 남은 것은 '어떻게 계획하느냐'에 달려 있다. 옛날엔 10년이면 강산도 변한다고 했다. 그러나 알다시피 지금은 아니다. 3년만 지나도 강산, 즉 우리의 모든 환경, 경제환경, 근무환경, 교육환경 등이 변하는 것을 실감한다. 한마디로 초디지털 시대에 살고 있는 것이다. 이것이 무슨 말인가? 앞으로 10년 사이에 적어도 세 번 이상의 변곡점을 맞이할 수 있다는 뜻이다. 그것이 기회다.

지난 10년간 주가 변화 추이를 보자. 종합주가지수 500에서 1천 사이를 두고 5년 단위의 진폭기간(최고점(최저점)에서 추락(상승)한 주가가 다시 직전 최고점(최저점)을 기록하는 기간)을 가졌던 것이 2000년대 들어 2~3년으로 줄어들었다. 그리고 최근 2천 포인트를 찍자마자 1천600까지 추락하는 롤러코스터 현상을 연출하고 있다.

이제 단순히 진폭기간만 중요한 것이 아니다. 과거 주가지수 1천 포인트 시대의 10%가 100포인트의 변동폭을 가져왔다면 2천 포인트 시대의 10%는 200포인트의 변동폭을 가진다. 즉 과거보다 훨씬 큰 기회와 위험이 교차하는 시대에 살고 있고 그 변동폭은 앞으로 더욱 커질 것이다. 반면 주택가격의 진폭은 과거보다 오히려 더 길어졌는데 이것은 부동산을 통해 기대할 수 있는 재산 변동의 기회가 더 적어졌음을 의미한다.

이렇게 투자자산에 대한 진폭기간을 살펴보는 것만으로도 특정 기간 동안 어떤 투자대상이 기회와 위험을 제공할 것인가를 판단할 수 있다. 마찬가지로 이런 간단한 도구를 이용하여 원 달러 혹은 원엔 환율이라든가 그림이나 사진 등의 미술품, 그리고 다이아몬드나 금 같은 귀금속뿐만 아니라 원유와 철강 같은 천연자원에 대한 투자수익률을 예측해볼 수도 있다.

어렸을 때 어른들로부터 일생에서 자신의 운명을 바꿀 수 있는 기회가 딱 세 번 있다는 이야기를 자주 들었다. 그것은 10년이면 강산이 변한다는 경험에서 비롯된 것이다. 20대나 30대에 경제활동을 시작해서 그때의 사회경제적 수명을 기준으로 약 30여 년을 생각하면 10년에 한 번꼴로 변곡점이 왔다. 그것을 기회로 생각한 것이다.

그렇다고 무조건 그런 변곡점을 기다리고만 있으라는 뜻은 아니다. 꾸준한 자기관리를 통해 내 스스로 변곡점을 만들어갈 수도 있다. 예를 들어 직장생활을 정리하고 창업을 한다든가 몸값을 올려 다른 직장으로 스카우트되는 것, 또는 앞날의 비전을 예견하여 지금까지 했던 직업 자체를 바꾸는 것 역시 자의적으로 변곡점을 만들어가는 것이다.

그렇게 보면 앞으로 10년 동안 우리에게 주어지는 기회는 훨씬 많다. 요컨대 환경의 변곡점과 자기 스스로의 변곡점이 맞아떨어지는 시기를 획득한다면 곧 최고의 기회가 될 것이다. 따라서 자기관리에 더 많은 노력을 기울이고 그에 필요한 투자를 게을리 하지 않는 것도 은퇴를 앞당기는 열쇠가 된다.

앞으로 10년, 적어도 세 번 이상의 기회가 당신을 기다리고 있다.

가능성은 누구에게나 열려 있다
앞으로 10년, 그 누구에게나 희망이 되는 이유다.

사람들을 만나보면 대부분이 두려움을 느끼며 살아가고 있음을 알게 된다.

2030세대는 당면한 주택문제와 육아문제에 필요한 비용 때문에 두려워하고, 4050세대는 임박한 은퇴, 그 자체가 주는 무게감에 짓눌려 있다. 이미 은퇴에 도달해 있는 5060세대 역시 마찬가지다. 이제 와서 돌아보니 자식들 키운 것 외에는 정말 가진 것이나 이뤄놓은 것이 없어 두렵다. 이미 장성한 자녀들과는 다른 문화와 가치관으로 높은 담이 쌓여 있다.

그러나 그런 그들에게 한 가지 희망이 있다면 바로 시간이다. 이제 10년이면 강산이 세 번 이상 변한다. 현재의 여건은 서로 다를지언정 누구에게나 변화를 기회로 만들기 위해 준비하고 노력할 권리는 있다. 그리고 그 결과는 아무도 모른다.

사람들이 어떤 일을 쉽게 포기하는 데는 이유가 있다. 결과를 이루어나가는 과정은 힘들고 더딘 반면, 그로 인한 보상은 쉽게 보이지 않는다. 아무리 깊이깊이 파고들어가도 물 한 방울도 찾아볼 수 없을 때 마침내 삽과 곡괭이를 던져버리고 만다.

그러나 투자는 다르다. 하루, 한 달, 1년 단위로 달라지는 결과가 눈에 보인다. 문제는 어떻게 계획하고 실천해나가느냐에 달려 있다. 즉 애초부터 물이 나올 만한 곳에서 땅을 파고 들어가는 것이 중요하다.

이런 일은 나이에 상관없다. 2030이라면 주체 못할 젊음이 재산이고 4060이라면 불혹을 넘어선 내공이 재산이다. 그리고 현재의 재산 상태 역시 영향은 줄지언정 결정적이진 않다. 다만 현재 재산이 없다면 어떤 형태로든 소득은 있어야 한다. 안타깝게도 내가 그 직업을 만들어줄 수는 없는 노릇이다.

또한 어떤 지역인가도 문제될 것이 없다. 해와 달 그리고 구름과 비와 바람과 천둥을 경험할 수 있다면 족하다. 앞으로 10년, 그 시간과 함께 올 기회와 위기는 그런 햇빛과 천둥의 모습으로 찾아들 것이다.

사람들은 대체로 서울을 지향한다. 돈을 벌 수 있는 기회가 많다는 이유에서다.

그러나 반대로 돈을 잃을 수 있는 위험 또한 많은 곳이 서울이며 삶의 비용 역시 대체로 서울이 많이 든다. 은퇴비용도 마찬가지다.

그러니 나이, 성별, 직업, 지역, 심지어 현재의 재산 상태까지도 앞으로 10년의 시간 앞에서 아무것도 문제될 것은 없다. 혹여 지난 10년의 실패에서 두려움을 느낄 수도 있다. 그러나 얼마나 계획하고 실천했는가? 얼마나 예측하고 준비했는가?

앞으로 10년, 그 누구에게나 희망이 되는 이유다.

'얼마가 필요한가' 보다 '어떻게 모을까' 에 달려 있다
목표는 정하되 그것을 10년으로 나누어 생각하지는 마라.

10년 후 경제적인 은퇴를 하려면 얼마가 필요할까? 필요 금액은 사람에 따라 다를 테지만 그것은 별로 중요하지 않다. '얼마가 필요한가' 보다 '어떻게 모을까' 에 달려 있다. 그렇다고 다다익선과 같은 애매모호한 목표를 세우지는 마라. 먼저 목표를 명확히 하되 필요 금액은 스스로 정할 수 있다.

10년 동안 월 100만 원씩 매년 10%의 복리로 돈을 불려보자. 그러면 원금은 1억 2천만 원이 되며 수익금 8천만 원을 합쳐 총 2억 원에 '불과' 하다. 물론 그 돈이 10년 후 은퇴를 위한 당신의 필요 금액이라면 그렇게 정하면 된다.

반면 10억이 필요하다고 하면 지금부터 매년 10%의 연복리 수익률로 매월 약 500만 원을 10년 동안 투자해나가면 된다. 그러나 이렇게 생각하면 그만 실망하고 만다. 지금 형편에 매달 500만 원은 도저히 투자할 수 없는 금액이다. 한 달 버는 돈이 200만 원에 불과한데, 설령 그 이상을 벌더라도 이것저것 꼭 필요한 지출을 제하고 나면 투자는 어림도 없다.

매달 500만 원 이상을 10년 동안 꾸준히 투자할 정도로 경제력을 지닌 사람도 극히 소수에 불과하다. 그러니 단지 계산기 두드려서 나온 결과에 실망할 필요는 없다. 인생에서 계산기가 좌우하는 것은 단지 10% 정도에 불과하다. 미심쩍으면 당신의 과거를 되돌아보라. 같이 입사하여 같은 연봉을 받고 있는 동료의 재산이 당신과 같은가? 소비습관의 차이를 일부 고려하더라도 도저히 이해하지 못할 결과에 억울한 마음은 없었는가?

과거 10년을 되돌아보자. IMF, 코스닥 열풍, 부동산 폭등, 북핵 위기, 주식과 골프회원권 가격의 폭등과 폭락(아직도 골프회원권을 단지 골프 치는 사람만 가지는 권리로 생각하는 사람이 있다. 골프회원권은 훌륭한 투자수단이다)···. 이것이 무슨 말인가? 과거의 실패에 연연하지 마라. 앞으로 10년, 설령 지금 당장의 계산은 맞지 않더라도 당신이 정한 목표 금액, 어쩌면 그 이상을 가능케 할 세 번 이상의 기회가 찾아온다.

지금 해야 할 일은 딱 하나, 목표는 정하되 그것을 10년으로 나누어 생각하는 어리석은 일은 하지 마라.

다만 지금 할 수 있는 최대의 투자여력을 뽑아낸 후 적절한 방법의 투자계획을 세워 실행해나가기만 하면 된다.

10년이 아니라 그 이후가 더 중요하다
필요한 시기에 필요한 만큼 가질 수 있도록 준비하면 된다.

어떤 고객이 내게 이렇게 말했다.

"10년 후에 지금의 재산을 100억으로 불리고 싶습니다."

난 그에게 총 자산 중 일부에 대해 10년 이상의 투자계획을 세울 것을 제안했다.

그가 다시 물었다.

"나는 10년 안에 100억으로 불리고 싶은데요."

내가 다시 말했다.

"10년 후 100억이 만들어지면 그때부턴 그 돈을 금고에만 넣어두실 생각입니까?"

10년 후 은퇴란, 10년 이후의 삶이 이제까지의 수동적인 삶이 아니라 내가 주도할 수 있는 능동적인 삶으로 변화한다는 것을 뜻한다. 물론 그 가운데 경제력도 필요하다.

마찬가지로 그 고객의 10년 후 100억이란, 10년 후 고객의 통장에 100억 원이 찍히면서 더 이상의 투자활동을 멈추는 것이 아니라 고객의 자산가치가 100억 원으로 평가받으면 된다. 10년 후에도 우리가 여전히 살아가야 하는 것처럼 자산 역시 여전히 굴러가야만 할 것이다. 다만 투자위험을 얼마만큼 선택할 것인가의 문제만 남는다. 돈은 굴러가다가 멈추면 멈추어 있는 그 이상의 기회손실을 초래한다.

상상해보자. 겨울 눈밭에서 눈사람을 만들 때 먼저 손으로 눈을 뭉쳐 작은 눈덩이를 만든 후 점점 크게 굴릴 것이다. 그런데 작은 눈덩이 열 개를 만들어 각각 10m씩 굴린 다음 그 열 개를 합쳐 만든 눈사람과 작은 눈덩이 하나만 만들어 100m를 굴려 만든 눈사람 가운데 어느 눈사람이 더 클까?

마찬가지다. 월 100만 원씩 매년 10% 이자를 주는 1년짜리 적금을 들어가면서 10년 동안 열 번의 만기금을 받는 것보다 월 100만 원씩 10년 동안 한 번의 투자를 하는 것이 더 큰 이익을 가져다준다. 1년짜리 적금은 매년 1천256만 원(세금공제 전)을 받아 열 번이면 1억 2천560만 원(세금공제 전)이지만 월 100만 원씩 10년이면 2억 484만 원이 된다. 더구나 10년 이상 장기투자상품이 현재까지 비과세인 경우를 감안하면 그 차이는 더 크게 벌어진다.

10년 후 은퇴가 실현되고 나면 이후 살아가야 할 기간은 사람에 따라 모두 다르다. 지금 당신이 2030세대라면 그 기간은 50년, 60년이 될 것이고 3040세대라면 30년, 40년이 될 것이다. 그리고 4050세대라면 20년, 30년이 될 수 있다.

따라서 앞으로 10년, 그 이후의 삶에 필요한 돈을 필요한 시기

에 필요한 만큼 가질 수 있도록 준비하면 된다. 물론 우리는 앞
으로 주어지는 기회에 따라 그보다 훨씬 더 많은 돈을 가
질 수도 있다.

돈이 행복을 결정하지는 않는다

경제적 수명을 10년, 20년 이상으로 끌어올릴 수 있다면 재산 상태는 아무런 상관이 없다.

세계적인 거부, 빌 게이츠를 아는가? 당연히 알 것이다. 투자의 귀재, 워렌 버핏은? 물론 대부분 알 것이다. 그렇다면 한국의 거부, 이건희 회장은 아는가? 그건 더 쉽게 알고 있을 것이다.

10년 전에 비해 지금 그들이 하고 있는 일은 무엇인가? 여전히 돈을 벌고 있다. 그런데 그들이 정말 돈을 벌고 있다고 생각하는가? 아니다. 그들은 일을 하고 있을 뿐이다.

어느 대그룹 제조업 계열사는 임원으로 일하다 퇴직한 사람들에게 그동안의 공로에 대한 보상 차원에서 하청기업을 운영할 수 있도록 배려하고 있다. 이미 그들은 퇴직 이후에 필요한 경제적인 문제가 해결된 사람들이다. 그냥 편안히 쉬고 있으면 된다. 그런데 막상 퇴직을 하면 그때부터 그저 별 볼일 없는 사람으로 전락하게 되는 것 같은 정신적 스트레스에 빠져든다고 한다. 따라서 회사가 그들에게 하청업체를 운영할 수 있도록 배려하는 것은 단지 경제적인 차원의 배려가 아니다. 그 문제는 이미 끝났다.

그 사람들을 대상으로 한 재무 세미나에서 강사가 이런 말을 했다.

"여러분은 모두 성공하셨기 때문에 지금도 일을 하고 있는 것입니다."

그렇다. 돈이 주는 행복보다 일을 하는 행복이 더 크다. 성공한 사람들의 특징은 성공한 뒤에도 열심히 일을 하고 있다는 것이다.

고객 가운데 사진작가 김아타 씨가 있다. 지난 2004년에 세계적인 사진 전문 출판사 어패처Aperture는 한국 작가 최초로 그의 사진집을 발간했고, 2006년 세계적으로 유명한 뉴욕국제사진센터 International Center of Photography가 동양인으로서는 최초로 그의 개인전을 개최했다.

2006년 가을, 그는 사진 한 장당 8천만 원으로 뉴욕의 센트럴파크를 찍어달라는 주문을 받았고, 2007년에는 빌 게이츠 재단에서 그의 사진을 구입했다. 지금 그의 사진 한 점은 1억 원 이상을 호가한다.

그렇다고 그가 지금 평생 먹고 살 만한 돈을 벌었는가? 그렇지는 않다. 그는 세계 최고의 사진작가로 자리매김할 때까지 늘 가난했다. 그리고 지금도 작품을 잘 팔지 않으려는 사람으로 유명하다. 그는 돈을 벌기 위해 일을 하는 것이 아니라 작업을 위해 일한다.

끊임없는 자기에 대한 투자, 자기계발을 통해 10년 후 더 높은 가치로 자리매김할 수 있다면, 즉 자신의 경제적 수명을 10년, 20

년이 아니라 그 이상으로 끌어올릴 수 있다면 그때의 재산 상태는 아무런 상관이 없다. 그는 이미 실질적으로 경제적 은퇴를 이룬 사람이다.

10년 후 은퇴, 돈이 결정하지 않는다.

기회를 기회로 만들기 위해 준비가 필요하다
이제까지의 판을 바꾸어라. 기회와 행운은 거저 주어지지 않는다.

인생을 성공으로 이끄는 것이 마냥 쉬운 일은 아니다. 현재 실패했다고 생각한다면 지금 당장 자신의 과거를 되돌아보자. 당신의 실패는 어디에서 비롯되었는가? 흔히들 투자는 타이밍이 맞아야 한다는 말을 닳이 한다. "그때 주식을 팔아야 했어….", "그때 빚을 내어서라도 그 아파트를 사야 했어…."와 같이 말이다.

그러나 그것이 당신의 실패를 초래한 가장 큰 원인이었다고 생각하면 오산이다. 그보다 더 중요한 원인은 따로 있다.

첫째, 계획이 없었다. 그리고 큰 변곡점을 미리 읽을 줄 아는 지혜가 부족했다. 지혜는 지식과 구별되긴 하지만 지식의 축적과 무관하지도 않다. 계획과 지혜가 없는 한 당신에게 앞으로 몇 번의 기회가 찾아온들 큰 도움이 될 것 같지는 않다.

둘째, 어떤 계획을 가졌더라도 그것을 실행할 의지가 부족했다. 돈을 모으기로 했다면 소비습관을 모두 바꾸어야 한다. 돈을 모아

야겠다는 생각을 하면서도 기껏 다음달 마이너스통장은 그대로이
다. 기껏 투자를 해야겠다는 생각은 하면서도 펀드로 이체되는 통
장에 잔고가 없다. 기껏 절약을 해야겠다는 생각은 하면서도 아직
도 한 통장에서 모든 입출금이 다 이루어지고 있다. 교육비를 줄
여야겠다고 애들 학원을 모두 끊고서도 여전히 거실 한가운데 텔
레비전은 주말연속극이나 스포츠 중계 시청에 한창이다. 기껏 돈
을 많이 모아야겠다고 생각하면서도 아직도 한 방이며 몰빵에 미
련이 많다.

기회를 기회로 만들기 위해서 가장 절대적으로 필요한 것은 준
비이다. 그것을 위해 이제까지의 판을 바꾸어야 한다. 기회와 행운
은 거저 주어지지 않는다.

골프선수 우즈는 이렇게 말한다.

"이상합니다. 연습을 많이 하면 할수록 행운도 많이 옵니다."

돈을 모아야겠다고 생각하면 그에 맞게 생활과 태도를 바꾸어
라. 그렇다고 늘 가난뱅이처럼 징징거리며 힘없이 생활하라는 뜻
은 아니다. 오늘 당장 쓸 돈을 줄인다고 해서 갑자기 모든 것에 위
축되어 당당하지 못한다면 당신은 부자가 될 자격이 없다.

당당함은 단지 돈에 종속되는 것이 아니다. 만약 그렇다
면 돈은 당신에게 '선善' 이 아니라 '악惡' 일 뿐이다.

짊어지고 갈 것인가, 심어두고 갈 것인가?

지금 심어놓은 씨앗들은 10년 후의 행복을 위해 좋은 수단이 될 것이다.

마라토너에게 중요한 것 중 하나가 바로 물이다. 마라톤경기를 관전해보면 대회에 참가한 마라토너들이 42.195km를 달리는 동안 구간구간 설치된 식수대에서 물을 받아 목을 축이고 지친 몸을 적시는 모습을 볼 수 있다.

그런데 만약 그 마라토너가 필요한 물을 항아리에 담아 처음 출발할 때부터 끝까지 직접 등에 짊어지고 뛰어야 한다면 어떨까? 그가 짊어지고 뛰어야 할 물의 무게가 어깨를 짓누를 뿐 아니라 계속 출렁거려서 기록 달성은커녕 완주조차 힘들 것이다. 또한 처음 짊어지고 출발했던 물조차도 상당 부분 길에 흘려버리기 쉬울 것이다.

흔히 인생을 마라톤에 비유한다. 인생이라는 마라톤을 완주하는 데 돈은 매우 중요하다. 그래서 많은 사람들은 가진 돈을 한꺼번에 짊어지고 뛰어가려 한다. 그러다 보니 뜻하지 않게 길바닥에 흘려버리기도 하고 그 결과 채 완주조차 못하고 인생을 마감하는 경우도 많다.

10년 후 은퇴 또한 그 이후의 삶을 살아가야 하는 대장정의 한 과정이라면 당장 필요한 생수 한 병 정도만 호주머니에 넣고 걷더라도 인생의 일정 구간마다 필요한 열매를 딸 수 있도록 지금부터 미리 씨앗을 심어놓는 지혜가 필요하다.

그렇게 10년을 준비해갈 때, 앞으로 세 번 이상의 변곡점을 기회로 삼아 출렁거릴 우리의 자산과 지금 심어놓은 씨앗이 향후 10년 후의 행복을 위해 좋은 수단이 될 것이다.

은퇴는 함께 가는 것이다
10년 후 은퇴, 그 길은 빨리 가야 할 길이 아니라 오래 가야 할 길이다.

누구에게나 어린 시절, 학교 가기 싫어 꾀병을 부린 적이 있다. 그러나 배 아픈 시늉을 하며 등교시간을 넘기고 나면 성공했다는 쾌감을 느꼈지만 얼마 뒤 스멀스멀 후회가 일었던 기억은 없는가? 아프다고 했으니 밖에 나가 놀 수도 없고, 어찌어찌 밖에 나간다 하더라도 같이 놀아줄 친구가 없다. 그렇게 어영부영 오후가 되고 친구들이 학교를 마치고 돌아오면서 골목 전체가 건강한 조잘거림으로 가득 메워질 무렵 그들로부터 소외된 낯선 감정에 어색해하진 않았던가?

10년 후 은퇴는 나 혼자 준비하는 것이 아니다. 함께 가는 것이다.

어떤 사람은 단지 돈을 모으기 위해 결혼도 하지 않는다. 또 어떤 사람은 돈을 모으기 위해 결혼했더라도 자녀를 갖지 않는다. 또 어떤 사람은 돈을 모으기 위해 단 원짜리 보험조차 없다. 또 어떤 사람은 돈을 모으기 위해 친구들 모임엔 얼씬도 하지 않는다. 또 어떤 사람은 돈을 모으기 위해 새벽부터 밤늦게까지 일만 하는 것도 모자라 어쩌다 집에 머무는 짧은 시간 동안에도 가족과 다정하게 대화하기는커녕 짜증만 낸다. 또 어떤 사람은 돈을 모으기 위해 심지어 수술비가 없어 죽어가는 형제를 보면서도 고개를 돌린다.

당신은 어느 쪽에 속하는가?

물론 개인의 가치관에 따라 결혼과 자녀는 선택 사항일 수도 있다. 그러나 그것이 단지 돈 때문이라면 그는 결코 행복할 수 없다. 이미 그는 돈에 종속당한 사람이다. 결혼하지 않고 자녀를 갖지 않으면 계산적으로는 돈을 빨리 모을 수 있다. 그러나 돈을 빨리 모았다고 해서 오랫동안 행복할지는 모르겠다. 얘기했듯이 인생은 계산기가 아니다.

우리가 피할 수 없는 운명 가운데 하나는 태어나자마자 팀의 구성원이 된다는 것이다. 우선은 가족이라는 팀의 일원이다. 이후 친구들 사이의 팀원이 되고 학급의 팀원이 되며 직장의 팀원이 된다. 그런 모든 과정을 거쳐 우리는 사회의 팀원이 되고 국가의 팀원이 되며 세계의 팀원으로 살아간다. 우리는 단지 팀의 일원일 뿐이다.

앞으로 10년 동안 경험하게 될 기회와 위기는 내가 소속한 가족이, 그 가족의 일원으로 구성된 직장과 사회가, 각각의 사회로 구성된 국가가, 각 국가들로 구성된 세계가 만들어주는 변곡점들로 인해 발생한다. 지난 10년이 그랬던 것처럼, 과거에 그래왔던 것처럼 지금 우리가, 또 앞으로도 우리가 여러 가지 작고 큰 팀의 일원이라는 사실은 거부할 수 없는 운명이다.

그 사실을 인식한다면 이제 해야 할 행동은 명확하다. 팀워크의 달인 존 맥스웰이 말했던 것처럼, "팀의 일원으로 생각하고 행동하고 결단하라."는 것이다.

"길을 빨리 가려면 혼자서 가라. 그러나 오래가야 할 길이라면 함께 가라."

10년 후 은퇴, 그 길은 빨리 가야 할 길이 아니라 오래 가야 할 길이다.

꿈을 가져라
꿈꾸는 가난뱅이는 언제나 활기가 넘친다.

지금 경제적으로 힘든가? 당장은 아니더라도 앞날을 생각하면 막막한가? 돈이 없으면 아무것도 못한다고 생각하는가?

그렇다면 당신은 꿈이 없는 사람이다. 꿈은 아무런 노력 없이 가질 수 있는 위대한 자산이다.

"꿈도 못 꾸나?"

이런 말을 흔히 다른 사람들로부터 듣기도 하고 장난처럼 내가 하기도 한다. 그러면서도 그 말이 얼마나 나를 변화시키는지 알지 못한다. 꿈이 없는 부자는 활력이 없지만 꿈꾸는 가난뱅이는 언제나 활기가 넘친다.

가난하다고 생각하는 사람일수록 꿈을 가져야 한다. 당장 그의 수중에 돈 한 푼 없기 때문에 '꿈밖에' 가질 수 없다고 해도 꿈을 가져야 한다. 그러나 꿈을 가졌다면 이제 그는 부자가 될 필요조건을 갖춘 셈이다. 충분조건은 지금부터 계획하면서 준비하면 된다.

지금 자신이 부자라고 생각하는 사람도 마찬가지다. 꿈이 없다면 그가 가진 돈은 정말 의미 없이 사라지기 쉽다. 돈에 꿈이 담기지 않은 채 자녀들에게 전해진다면 그 돈이 자녀들의 삶까지 오염시키고 사라질 위험이 크다.

꿈을 가져라. 그리고 당신이 지금 가진 돈이 그 꿈을 실현하는 데 어떻게 사용될 수 있을 것인지 생각하라.

10년 후 은퇴! 그 목표 금액의 크기와 성공 여부, 그리고 이후의 삶은 지금 당신이 처해 있는 현실이 아니라 지금 당신이 가진 꿈의 크기와 일치한다. 다음과 같은 원칙을 기억하면서 지금부터 시작하자. 저수지의 물은 강우량이 아니라 저수지의 크기가 결정한다.

10년 후 은퇴 플랜

① 10년 후 은퇴에 대한 꿈을 가져라.

② 가족, 친구, 동료와 함께 그 꿈을 나누어라.

③ 매월 저축(투자)할 금액을 정하라.

④ 저축할 돈을 제외한 나머지로 생활할 수 있는 소비습관을 길러라.

⑤ 투자수익을 최대화할 수 있는 투자계획을 세워라.

⑥ 변곡점에 대비하라.

⑦ 자신의 몸값을 높이는 데 최선을 다하라.

인생의 경쟁력을 높여라

10년 후 은퇴를 이뤄주는 황금열쇠
오늘의 성공에 자만할 이유 없고 오늘의 실패에 좌절할 이유 없다.

단지 오늘이 우리의 내일을 결정짓는 것은 아니다. 학교를 졸업하고 직장을 얻고 결혼한 뒤 아이가 중학생이 되었을 무렵 어느 날, 동창회에서 옛 친구들을 만났을 때 문득 이런 생각이 들었다.

'학교 다닐 때 별 볼일 없었던 저 친구가 어떻게 나보다 더 부자가 되었을까?'

알 수 없는 미래를 예견할 때 우리는 오늘의 모습에서 그 해답을 찾으려 한다. 어릴 때 똘똘하다는 소리를 듣는 아이가 당연히 학교에 입학해서도 공부를 잘하리라는 예상을 하고, 학교 다닐 때 공부를 잘하는 친구가 당연히 사회에 나가서도 더 좋은 직장을 구할 것이란 예상을 한다. 그리고 월급 많고 좋은 직장에 들어간 친구가 당연히 돈도 더 많이 벌 거라는 생각을 한다.

그런데 아니다. 인생 40년을 살아보면 한 사람의 오늘을 통해 미래를 예견한다는 것이 얼마나 쓸데없는 '점괘놀이'였는가를 쉽게 알게 된다. 미래는 그만큼 불분명하고 어디로 튈지 모르는 럭비 공과 같다. 우리가 오늘에 충실하려 애쓰는 것, 아이들에게 공부를 강요하는 것은 알 수 없는 미래에서 그나마 오늘에 충실하는 것이 마음에 큰 위안을 주기 때문이다.

따지고 보면 묵묵히 공부만 잘하는 학생들보다 세상에 대한 다양한 호기심으로 이런저런 사고를 치면서 어렵게 학교를 졸업한 학생들의 사회적응력이 더 뛰어나다. 즉 경제 상황의 큰 변곡점에 더 빠르게 적응한다. 따라서 학교의 열등생이 우등생을 뒤집는 것은 사회 진출 후 대략 10년, 즉 그런 기회가 세 번 정도 지나가는 기간이면 충분하고 그 시기가 남자들의 경우 대체로 마흔 전후에서 나타난다.

오늘 우리가 흘리는 땀은 좀 더 긴 내일의 성공을 결정짓는 여러 가지 요소 가운데 단지 하나에 불과하다. 그렇다고 오늘의 노력이 쓸데없다는 뜻이 아니다. 다만 오늘의 성공에 자만할 이유 없고 오늘의 실패에 좌절할 이유가 없다는 뜻이다.

우리는 부자가 된 사람들에게 쉽게 성공이란 단어를 결합시키는 데 익숙하다. 맞다. 자본주의 사회에서 부자가 된다는 것은 성공한 사람들의 외형적인 첫째 조건으로 인식된다. 그러나 그런 부자들을 만나보면 의외로 그들이 가진 고민과 스트레스가 많다는 것을 알게 된다.

그런 사람들에게 부를 통한 오늘의 성공은 사상누각이다. 내가 알았던 어제의 부자들이 오늘 가난뱅이가 된 사람들도 많다. 오늘의 부자 역시 내일은 어떻게 될지 알 수 없다. 마찬가지로 어제 가

난했던 사람들 가운데 오늘 부자인 사람들도 많고 오늘 가난한 사
람들 역시 내일은 어떻게 될지 알 수 없다.

내일의 성공을 결정짓는 다섯 가지 핵심 관리

따라서 나이 마흔이 될 즈음이면 부자가 된다는 것이 어떻게 해
서든 돈만 많이 버는 것이 아니라는 것을 알게 된다. 돈을 버는 것
도 중요하지만 잘 관리하는 것이 더 중요하다. 그리고 그러한 관리
는 단지 돈의 영역에만 머무르지 않는다. 인생 전반에 걸쳐 경쟁력
을 높여나갈 때 다른 사람의 위기가 나에겐 기회로 작용하여 결국
돈도 많이 벌고 그 돈을 잃게 되는 법도 없다.

인생 전체의 경쟁력은 자기관리·지출관리·투자관리·위험관
리·가족관리의 다섯 가지 핵심 영역에 대한 관리에 달려 있다.

이 영역들을 투자대비 수익률이 높은 순서대로 나열한다면 그
첫째가 자기관리 영역, 즉 자기 자신에 투자하는 것이다. 한번 올
라간 몸값은 좀체 떨어지지 않는다. 예를 들어 연봉 3천만 원이 4
천만 원, 5천만 원으로 오르는 것에 필적할 만한 투자대상은 없다.
반면 한번 떨어지기 시작한 몸값은 어느새 별 볼일 없는 사람으로
전락시키고 만다. 그야말로 떨어지는 것에는 날개가 없다는 것을
실감한다.

두 번째로 높은 수익률은 지출관리 영역이다. 사람들은 소득에
서 지출을 뺀 나머지 금액(가처분소득)으로 투자를 한다. 월급 100만

원을 받아 50만 원을 쓰고 나머지 50만 원을 투자하여 50%의 수익률을 기록하는 것보다 20만 원을 쓰고 나머지 80만 원으로 30%의 수익률을 올리는 것이 훨씬 낫다.

세 번째는 투자관리 영역이다. 지출관리를 통해 만들어진 가처분소득으로 얼마나 높은 수익을 얻느냐 하는 문제이다. 그러나 자기관리, 지출관리, 투자관리를 통해 아무리 많은 돈을 벌었다 하더라도 삶의 모든 과정에 도사리고 있는 위험을 잘 관리하지 않으면 자칫 도루묵이 되기 십상이다.

따라서 위험관리는 힘들게 쌓아올린 자산을 방어한다는 측면에서 네 번째로 수익률이 높은 영역으로 생각할 수 있다.

마지막 다섯 번째는 가족관리 영역이다. 경제적으로 성공했다는 이들 가운데 늘 수심이 가득한 사람들의 대부분은 가족관리에 어려움이 있는 경우이다. 아무리 돈을 많이 벌면 뭐하나? 가족 가운데 누구 하나 잘못하면 한번에 날아가는 것이 돈이다. 가족관리는 성공에 있어 가장 기본적이면서 결과적인 가치를 제공한다.

한 단계 뛰어넘는 자기관리

성실한 종으로 살 것인가, 10년 후 은퇴의 삶을 누릴 것인가?

건강, 자기계발 등 힘든 소득활동의 주체이면서 동시에 부를 향유할 주체이기도 한 1인 CEO의 자기관리에 필요한 이야기다. 많은 사람들의 재무 계획을 도와주면서 동일하게 강조하는 부분이기도 하다. 성공적인 자기관리를 통해 몸값을 올리는 것은 일생에 걸쳐 가장 큰 투자수익률을 기대할 수 있는 분야이다. 한번 올려놓은 몸값은 좀체 떨어지지 않는 반면, 한번 떨어지기 시작한 몸값은 날개조차 없이 추락하는 경우가 많다.

어떤 일을 하면 더 많은 돈을 벌까?

매달 벌어들이는 소득은 투자의 원천이다. 따라서 소득을 높이기 위해 최선의 노력을 다하는 것은 돈을 버는 가장 확실하고 효과적인 방법이다. 또한 같은 시간에 같은 노력을 기울인다면 가급적

인사 전문가가 꼽은 5년 뒤 유망 직업

1. 금융자산운용가	11. 사회복지사
2. 경영컨설턴트	12. 기업고위임원
3. 실버시터	13. 피부미용사
4. 상담전문가	14. 자연 · 생명과학 연구원
5. 컴퓨터보안전문가	15. 엔터테이너
6. 브랜드관리사	16. 해외영업원
7. 마케팅전문가	17. 인테리어 디자이너
8. 투자분석가	18. 의사
9. 헤드헌터	19. 한의사
10. 노무사	20. 산업용 로봇 조작원

자료 : 커리어(2007년 기준)

소득이 높은 곳에서 일하는 것이 낫다. 물론 인생을 돈과 연관시키고 싶지 않다는 사람에게 더 할 말은 없고 인간의 내면세계를 음유하는 음악이나 예술, 문학, 종교 분야에서 돈에 대한 뚜렷한 가치관을 가진 사람은 논외로 하자.

그럼 어떤 일을 해야 더 많은 돈을 벌어들일까? 과거의 경제 흐름을 거시적으로 훑어보면 어떤 교과서적인 추세를 느낄 수 있다. 우리 경제는 1960년대 전후의 1차 산업 중심에서 1970, 80년대 수출제조업 중심의 2차 산업을 거쳐 1990년대와 2000년대의 고부가가치 서비스업으로 이동하는 모습을 띠고 있으며, 이는 성장하는 국가의 당연한 발전과정이다. 즉 이제는 양보다 질을 추구하는 시대에 접어들었으며, 앞으로도 개별 소비자의 만족을 향해 기업 마케팅과 관련 서비스업이 발전해나가는 추세는 더욱 극한으로 치달을 전망이다.

그렇다면 서비스업의 극한은 무엇일까? 스페셜리스트specialist, 즉 전문가 시대의 도래다.

실제로 2007년 7월, 〈서울신문〉이 20대를 대상으로 10년 후 희망하는 직업을 조사했는데, 71%가 공무원이 아닌 전문직을 꼽았다. 공무원은 단지 8%의 지지만 받았을 뿐이다.

또한 같은 해, 취업 포털 〈커리어〉가 각 분야 헤드헌터들의 의견을 종합하여 발표한 5년 후 10대 유망 직종에는 거의 대부분이 전문직이었는데, 특이할 만한 사항은 의사나 변호사와 같은 전통적인 전문가가 10위권 내에 포함되지 않았다는 점이다.

그렇다고 실망은 말자. 꼭 전문가가 되어야만 부자가 된다는 뜻은 아니다. 그렇게 따지면 과거의 전문가들은 모두 부자가 되어 있어야 하는데 반드시 그렇지만은 않다.

어떤 면에서 전문가는 자신의 분야에 지나치게 몰두함으로써 전체적인 흐름을 읽어나가는 데 실수를 범하는 단점이 있고 그 결과 경제의 변곡점에서 소외되기도 한다. 다만 시간당 노동가치가 높고 안정적인 소득을 얻을 가능성이 상대적으로 높다는 점에서 유익할 뿐이다.

실제로 돈을 많이 버는 사람들은 돈이 많이 흐르는 곳에서 일하고 있다. 도매시장이나 부동산시장, 주식시장 등 경기 흐름에 따라 서로 간에 세력싸움을 벌이면서 시장의 돈줄을 흔들어왔던 분야에 종사한 이들 가운데 부자가 된 사람들이 많다.

그렇다고 그때마다 직업을 바꾼다는 것도 쉽지 않은 일이다. 다만 사람이 점점 들끓기 시작하는 곳은 곧 돈이 되는 분야라는 점은 기억해야 한다. 그 분야에 적절한 포트폴리오를 가지고 투자함으로써 기회를 만들 수 있다. 한발 앞서 그런 분야를 예견할 수 있다면 금상첨화다.

정리하면 이렇다. 어떤 분야에서건 자신 있는 일에 올인하라. 그것은 현재 나이에 상관없다. 그리고 그 일을 자신만의 차별화된 방법으로 전문화시켜라. 아울러 거시적인 경제 흐름을 읽을 수 있는 경제 정보에 대한 감수성을 높여나가면서 다른 분야의 전문가들과 인적 네트워크를 유지하라.

이제 당신의 시간당 몸값은 올라가고 경제의 변곡점에서 마주하게 되는 기회도 잡을 수 있다. 그 결과 당신은 10년 후 은퇴의 꿈에 한결 수월하게 다가갈 수 있다.

원하는 곳에서 일하라

사람들은 늘 이론과 현실은 다르다고 한다. 맞다. 학교 때 공부를 잘했다면 세상에 나와서도 잘 풀려야 하는 게 이론상으로 맞지만 꼭 그렇지만은 않은 것이 현실이다.

그럼 우리가 말하는 현실이란 무엇인가? 내가 가진 꿈이 있지만 당장에 밥 먹고 살아가는 데 도움이 되지 않는다는 것이 현실이다. 꿈을 접고 현실을 택한 것은 그로 인한 반대급부 즉, 그만한 보상이 있기 때문이었다.

'그만한 보상' 가운데 가장 매력적인 것이 바로 정년 보장이었다. 그러나 지금 정년이 보장되는 직업은 공무원이나 공기업 근무자 정도에 국한된다. 그런 이유로 수많은 현실주의자들이 공무원 시험을 준비하고 있지만, 꿈을 접어버린 사람들은 당연히 그들의 하루에 생기가 부족할 수밖에 없다. 이것은 공기업을 방문할 때 느끼는 대체적인 분위기다. 또한 언제까지 공무원 조직이 현재와 같은 차별화된 혜택을 누리고 있을지도 알 수가 없다.

반면 민간기업 종사자들은 정년은커녕 퇴근시간조차 보장되지 않는 치열한 경쟁 속에서 자신을 내던져 일하고 있다. 이른바 '전국민 파트타이머 시대'에 살고 있는 것이다. 지금 다니는 직장에서 얼마나 오랫동안 일할 수 있을지 아두도 모른다.

이것은 비단 정규직이냐 비정규직이냐의 문제가 아니다. 짧은 정년, 긴 수명을 생각해보면 우리 모두가 비정규직인 셈이다.

그러나 지금 20대들은 결코 공기업을 선호하지 않는다. 대신 자신의 꿈을 펼쳐나갈 수 있는 전문인을 원한다. 오히려 20대가 앞으로의 시대 변화를 더 정확하게 예측하고 있는 것이다.

정년은 보장되지 않지만 각 개인의 경제 수명을 늘려야 하는 시대에 우리는 살고 있다. 그렇다면 내가 정말 일하고 싶은 분야에서 일해야 한다. 원하는 곳에서 일할 때 생산성이 증가하고 경제 수명도 함께 늘어난다.

그러나 쉽지는 않다. 내가 원한다고 그곳에서 일할 수 있는 것은 아니다. 일류대학이 입학을 원하는 모든 학생을 받아주지 않는 것과 마찬가지다.

그러나 정말 원한다면 반드시 이루어진다. 이유는 단순하다. 아무리 이런저런 검증들을 사용하더라도 결국은 사람이 사람을 뽑는 것이다. 정말 원하는 만큼 그 분야에 대해 노력하고 그만큼 열정적으로 노크하라.

얼마 전, 한 번도 본 적이 없는 사람이 나를 찾아왔다. 내용인즉슨 자기가 우리 회사에서 일하고 싶은데 그때까지의 경력으로는 입사가 쉽지 않을 것 같아 내게 조언을 받고 싶다는 것이다. 우리 회사는 금융 분야에서 일정한 기준 이상의 경력을 가진 사람들만 일하는 리딩 컴퍼니에 속한다. 그렇다 보니 입사가 쉽지 않다.

나를 어떻게 알았는가 싶었더니 이전에 내가 쓴 책을 읽었다고 했다. 이를테면 독자였다. 그러니 그에게 우호적인 감정이 생기지 않을 수 없었지만, 그것보다도 자신의 경력으로는 뻔히 어렵다는 것을 알면서도 찾아온 그를 돕고 싶은 마음이 더 컸다.

그러나 결과적으로 그는 입사하지 못했다. 회사의 채용 담당자가 인터뷰를 진행하면서 그의 자격이 부족하다는 점을 강조했다. 그 한 번의 거절에 그는 낙담했고 입사를 포기했다. 나는 그런 그에게 용기를 북돋워주었다.

"회사 입장에서는 당연하다. 당신을 정확히 모르는 상태에서 오직 그동안의 경력사항이 입사 여부를 결정하는 것이고 실력 없는 사람을 뽑아 회사 전체의 수준을 떨어뜨리고 싶진 않을 것이다. 경력 기준에 미치지 못하는 당신이 취할 태도는 단 한 가지다. 함께 일하길 원한다면 다시 요구하라. 그리고 또 거절한다면 또다시 요구하라. 그런 과정을 통해 당신의 열정으로 자신을 입증하라. 그래서 만약 입사할 수 있다면 그런 열정으로 노력하라."

그러나 안타깝게도 그는 다시 도전하지 않았고 그것으로 끝이었다. 물론 그는 채용 담당자와 진행한 인터뷰에서 속이 많이 상했을 것이다. 그러나 속상하다고 포기한다면 하루에도 몇 번씩 포기만 하고 살아야 한다. 내가 원한다고 해서 그 과정이 반드시 즐거운 것은 아니다. 진정 원하는 일이라면 내가 소중히 생각하는 감정 또한 잠시 접어두는 용기가 필요하다. 성공은 자존심 그 너머에 있다.

물론 열정적인 도전을 거듭한다고 해서 무조건 입사할 수 있는 것은 아니다. 그러나 그런 과정을 통해 내가 원하는 것을 위해 끝까지 포기하지 않는 태도를 훈련할 수 있고 그 결과 어디에서 일하더라도 한 단계 성장할 수 있다. 내가 그에게 진정 원했던 것이 바로 그 점이었으나 그는 결국 포기하고 말았다.

10년 후 은퇴를 꿈꾼다면 먼저 열정을 가져라. 그리고 원하는 곳에서 일하라. 원하는가? 그럼 도전하라.

비전을 구체화시켜라

사람마다 삶의 목표가 있다. 그러나 살다 보면 목표조차 흐릿해지고 마지못해 하루를 보내는 경우도 허다하다. 더구나 그것이 비전일 땐 더욱 그렇다. 비전은 목표의 상위 개념이고 가정과 사회의 한 구성원으로서 개인이 영향력을 끼치고자 하는 자기 삶의 궁극적인 모습이다.

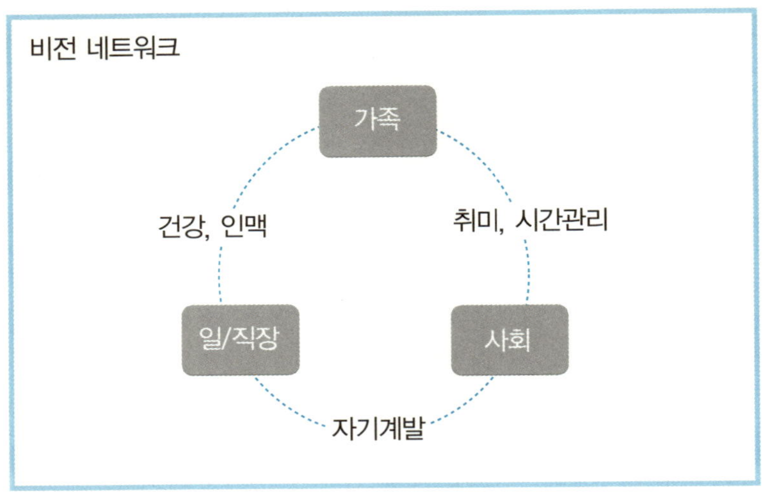

어릴 때 막연히 꿈꾸었고, 청년이 되면서 구체적으로 계획했으나 치열한 삶의 현장에서 그만 놓쳐버리기 쉬운 것이 비전이다. 그러나 지금이라도 비전을 다시 찾아라.

10년 후 은퇴는 '그 이후의 삶을 얼마나 행복하게 보낼 것이냐'를 위한 것인데, 그런 행복은 철저히 다른 사람들과의 관계에서 비롯된다. 고로 인간이 사회적 동물이란 전제는 젊으나 늙으나 늘 진실이다.

자녀들로부터 소외당하지 않으려고 상속을 미루는 부모가 있는가 하면 같은 이유로 얼마 되지 않은 통장마저 자식에게 맡기는 부모도 있다. 반면에 부모의 재산을 물려받기 위해 효를 다하는 자식이 있는가 하면 같은 이유로 폭력을 휘두르는 자식이 있다. 그럴 경우 '무자식이 상팔자'라는 소리를 하기 전에 돈이 만들어 내는 인간관계란 것이 얼마나 유치하고 척박한가를 먼저 느껴야 한다.

10년 후 은퇴를 통해 행복해지기 위해서는 나의 사회적 역할과 동시에 최소한 가정적 역할에 대한 의미 있는 모습을 그려나갈 수 있어야 하며, 10년 후 은퇴라는 재정적인 꿈이 최종적으로는 그것을 위해 존재해야 한다.

재정적으로 여유가 많은 어떤 고객이 있었다. 그는 전문직 공부를 하는 자녀들이 돈에 휘둘리지 않고 올바른 사회적 역할을 할 수 있도록 그의 재산이 쓰이기를 원했다. 나는 그분의 뜻을 받아 돈에 대한 자녀들의 가치관이 올바르게 형성될 수 있는 증여 프로그램을 제안하여 실행하고 있다. 그가 힘들게 형성한 부는 결국 자녀들을 통해 사회 기여의 형태로 되돌려질 것이다.

매슬로우의 '욕구 5단계'에 따르면 인간의 가장 큰 욕구는 인정받는 것이라고 했다. 그러니 돈이 곧 인정받기에 필요한 조건으로 생각하는 것도 당연하다. 그러나 그렇게 인정받는 것이 한낱 졸부의 수준에 머물러서야 그것을 비전이라고 할 수 있겠는가. 계획하고 노력하면 돈은 늘 주변에 있다. 그것을 내가 가진 비전이라는 인생의 큰 국자로 담아내지 못한다면 벌어진 갈퀴 틈으로 그 돈이 다시 빠져나가버리고 만다.

이제부터라도 비전을 가져라. 젊으면 젊을수록, 나이가 들었다고 생각하면 지금 바로 그 자리에서 인성의 비전을 만들어라. 10년 후 은퇴가 그런 비전에 먼저 담길 때 아써 모은 돈이 당신을 두고 가지 않는다.

비전은 가족의 동의가 필요하고 일과 직장을 통해 발전되며 그 결과 사회에 선한 영향을 끼친다. 따라서 우리가 하는 모든 활동, 즉 취미, 시간관리, 자기계발, 건강, 인맥 등은 앞의 그림과 같은 비전 네트워크인 가족, 일·직장, 사회라는 세 가지 축을 바탕으로 이루어지고 있으며 자기관리는 곧 비전관리로 해석할 수 있다.

나만의 브랜드를 만들어라

누군가 말했듯이 이제 세상은 철저한 '1인 CEO'의 시대이다. 그것은 직장인이라고 해서 다르지 않을 뿐 아니라 사업가라면 더욱 그러하다. 정년 없는 연봉과 성과급에 시장은 빠른 속도로 변화하고 있다. 물론 그러한 변화가 10년 후 은퇴를 가능케 하는 기회가 될 수도 있지만 동시에 현재의 재정적인 안정조차 흔드는 위기이기도 하다.

1인 CEO의 시대, 그것은 결국 나만의 브랜드를 만드는 것이다. 나의 내면, 현재의 일과 직장, 혹은 앞으로의 일과 직장을 평가하는 것을 통해 나만의 브랜드를 만들 수 있으며, 그것은 다음의 다섯 단계를 통해 형성된다.

1단계 나의 내면을 평가한다.

이 단계의 결론은 자신이 잘할 수 있는 분야를 찾는 것이지만 동시에 중요한 것은 단지 평가에만 그치는 것이 아니라 자신에게 부족한 부분을 강화하고 장점은 더욱 발전시키는 계획을 수립하는 것이다. 도움이 되는 검사로는 DISK 행동유형검사와 MBTI 성격 검사 등이 있다.

2단계 나의 경력과 학력을 평가한다.

이 단계는 자신의 경력이 내면 평가와 비교할 때 적합했는지 아니면 당장의 취업에만 급급했던 것이 아닌지를 판단하는 것이다. 학력 역시 단순한 학벌이 아니라 자신의 내면을 강화할 수 있는 학습내용임을 확인하라는 의미이다.

3단계 주변을 평가한다.

현재의 경력에 이르기까지 가족의 협력 정도는 어떠했는지, 자신의 재정 상태는 어떤지, 자신을 도와줄 수 있는 주변 사람들은 얼마나 어떻게 형성되어 있는지 등을 평가하는 것이다.

4단계 일과 직장을 평가한다.

비전과 관련해 현재의 일과 직장에서 구체적으로 어떤 것들을 얻어야 하는지 등을 평가하는 것이다. 도저히 얻을 것이 없다면 과감하게 떠나야 한다.

5단계 하고자 하는 직업의 미래를 예측한다.

직업의 미래를 예측하기에 앞서 필요한 자격증이나 쌓아야 할 경력사항 등이 이 단계에서 결정된다. 미래를 예측할 때는 그런 시간을 별도로 가져야 한다. 현재의 상황에서 한 발짝 뒤로 물러나 폭넓게 조망하는 시간을 가져야 한다. 현재의 일에만 매달려 있는 사람은 늘 일에 파묻혀 허덕이고 살 수밖에 없다.

과감히 한 단계를 뛰어넘자

성실하기만 해서는 성공할 수 없다. 흐름을 읽는 안목과 한발 앞선 변화를 통한 선점의 이득을 얻어나갈 때 성공은 배가될 수 있다.

가끔씩 자신을 '끝물인생' 이라고 표현하는 사람들을 만난다. 주식이든 부동산이든 간에 오르기 시작할 땐 가만히 쳐다보고만 있다가 그 절정기를 지나 막 가라앉기 시작할 때 비로소 빚까지 얻어 뛰어들었다가 쪽박 차는 사람들이다.

사업에서도 '끝물' 이 있다. 인기 좋은 아이템의 끝물에 뛰어드는 경우이다. 식당의 예를 생각하면 쉽다. 이런저런 음식점이 잘된다는 소문을 듣고 퇴직금을 챙겨 비싼 권리금을 치르고 고급스런 인테리어를 꾸민 후 달려들었다가 빚쟁이로 전락하는 사람들이 주변에 많다. 그런 사람들의 대부분은 미래를 예측하는 안목이 없는 경우이다. 게다가 그들이 늘 하는 말은 이렇다. "나는 정말 성실하게 일했다."

돈이든 사업이든 흐름이 존재한다. 유행이라 표현해도 좋다. 꼭 경력을 쌓으며 나아가야 하는 분야(의사, 변호사 등)가 있는 반면 필요하다고 생각하는 단계를 뛰어넘어가야 하는 경우도 있다.

"내 평생에 빚은 없다."는 원칙으로 사는 사람이 있다. 그런 사람들이 훌쩍 올라버린 집값을 따라잡는 방법은 별로 없다. 지금 당장의 소유자산으로 부족하다던 빚을 지고서라도 구입하는 것이 유익할 수 있다. 물론 아파트가 폭등하던 시절의 이야기로 그런 것을 '레버리지 효과'라고 한다. 이 경우만 보더라도 미래를 예측하는 안목은 중요하다. 물론 어떻게 매번 족집게같이 예측할 수가 있겠는가? 그런데 그렇게 족집게처럼 살아가는 사람들도 많다.

사업도 마찬가지다. 한 계단 한 계단을 성실하게 오르는 것도 중요하지만 때로는 과감히 뛰어넘는 과정도 필요하다.

예를 들어 지금 내가 일하는 금융 분야도 엄청 변화가 심한 직종이다. 특히 자본시장통합법의 시행을 앞두고 이제는 은행, 증권, 보험의 독자적인 영역이 급격하게 사라지고 있으며, 저축에서 투자시대로 전환함에 따라 통합적이고 전문적인 지식의 습득 또한 대단히 중요해졌다.

아울러 우리 사회의 부가가치가 제조업에서 서비스업으로 이전하고 있는 점을 감안할 때 이제는 단순히 개별 금융기관에서 전속상품만으로 고객의 만족을 이끌어낼 수 없는 환경에 이르렀다. 그 결과 개별 금융기관으로부터 독립하면서도 여러 금융기관과 제휴하여 폭넓은 상품을 함께 공급하는 독립적인 금융 전문 그룹의 성장을 쉽게 예견하게 된다.

그렇다면 이제, 비록 많은 준비가 되어 있지 않더라도 현재 개별 금융 분야에 종사하는 사람들이나 금융 서비스 분야의 직업을

원하는 사람들이라면 독립 에이전시에서 더 빨리 경험을 쌓는 것
이 좋다는 결론이 나온다. 물론 한 단계를 뛰어넘는 과정에서 그만
큼의 수고와 노력은 스스로 감당해야 할 당연한 몫이다. 그렇게함
으로써 이제는 끝물인생이 아니라 블루오션 대열에 당당하게 합류
할 수 있게 된다.

성실한 종으로 살 것인가? 10년 후 은퇴의 삶을 누릴 것인가?
시장의 속도에 뒤처졌다면 과감히 한 단계를 뛰어넘어라.

습관이 인생의 빛깔을 결정한다

성공하는 사람들의 특징 가운데 하나가 좋은 습관을 갖고 있다
는 점은 익히 알고 있는 바다. 여기서 또다시 습관이라는 다소 진
부한 단어를 끄집어내는 것은 앞으로 맞닥뜨려야 할 자기관리, 지
출관리, 투자관리, 위험관리, 가족관리 가운데에는 기존의 잘못된
방법을 개선하기까지 상당한 노력을 통한 새로운 습관 형성이 필
요하기 때문이다.

예를 들면 어떤 사람은 꼭 퇴근이 임박해서야 혹은 퇴근시간이
지나서야 일을 시작하는 사람이 있다. 그런 사람들에게 자기관리
를 위해 뭔가 해볼 것을 제의하면 항상 "바빠 죽겠는데 그런 거 할
시간이 어디 있냐."는 투로 말한다. 반면 남보다 앞서가는 사람들
은 늘 시간이 남는다. 그들은 업무를 대부분 마감시간 전에 끝내고
나머지 시간을 자기 자신에게 은밀히 투자한다.

파레토의 80:20의 법칙에 따르면 오늘 우리가 보내는 시간 가운데 적어도 20%는 당장 급하진 않지만 중요한 미래를 위해 배분해야 한다. 그런데 성공하지 못하는 대부분의 사람들은 오늘 주어진 100%의 시간을 단지 당장 급한 오늘을 위해 전부 사용한다. 당연히 그들은 늘 바쁠 수밖에 없다.

오늘 '바빠 죽겠다'는 사람 가운데 내일도, 1년 뒤에도 바쁘지 않은 사람을 본 적이 없다. 결국 현재의 습관이 미래를 결정하는 것이다.

상담을 하다 보면 "정말 맞는 말씀입니다. 한번 생각해보겠습니다."며 인사를 하는 사람들이 있다. 그리고 그들 대부분은 그때부터 정말 '한 번'만 생각해본 후 다시 기존의 방식으로 되돌아간다.

모든 일이 다 그렇겠지만, 특히 돈과 관련된 일은 철저히 행동을 요구한다. 아무리 좋은 투자처를 들었더라도 듣기만 할 뿐 투자하지 않으면 아무짝에도 쓸모없다. 이해가 되고 동의할 수 있다면 반드시 행동해야 한다.

그런데 행동을 하는 것도 그렇다. 한두 번 하는 것은 쉬운데 오랫동안 반복하는 것은 결코 쉽지 않다.

연봉이 결코 적은 편이 아니었는데도 그동안 모은 자산이 얼마 되지 않고 저축 여력이 생각보다 적었던 40대 중반의 고객이 있었다. 그는 한두 차례 면담을 가지면서 발견된 몇 가지 문제점에 동의를 한 후 이를 개선할 수 있는 방법을 실행해나가기 시작했다. 그 결과 지금보다 더 많은 저축 여력을 발생시킬 수 있었다.

그렇게 몇 개월이 지났을 때다. 어느 날 그가 전화를 걸어왔다.

"뭐가 잘못되었는지 아내가 조금 힘들어합니다."

자세히 알아보니 소득을 저축계좌와 지출계좌로 분리하여 관리하는 것에 불편을 겪고 있다는 것이다. 습관은 그렇게 무섭다. 그때 나는 이렇게 말했다.

"이렇게 작은 변화에 잠시 동안 불편해지는 것을 택하겠습니까? 아니면 옛날처럼 그렇게 생활하시고 은퇴 이후 수십 년 동안 돈 때문에 불편해지는 것을 택하겠습니까?"

그때부터 다시 수개월이 지나 이번에는 내가 전화를 걸어 물어보았다.

"지금은 어떻습니까? 아직도 불편하십니까?"

그는 웃으면서 지금은 큰 불편 없이 잘해나가고 있다고 말했다. 그 가족은 6개월 만에 새로운 습관에 적응했으며 그로 인해 매달 50만 원의 새로운 투자를 하고 있다.

10년 후 은퇴를 꿈꾸는 당신, 좋은 변화를 습관으로 만들어라. 습관이 인생의 빛깔을 결정한다.

직장은 시작일 뿐 전부가 아니다

이제 직장에 올인하는 시대는 지났다. 그렇다고 직장 일에 게을리 하라는 뜻이 아니다. 더 열심히 일하되 지금의 직장, 그 너머를 생각하며 준비해야 한다는 것이다.

이제는 1970년대까지의 국가 중심, 1980년과 90년대의 기업 중심 시대를 넘어 개인 중심 시대로 진입해 있다. 다시 말해 1인 CEO의 시대가 된 것이다.

이 글을 쓰기 얼마 전, 국내 유수의 대기업에서 근무하던 신입사원이 사표를 쓰고 나오면서 회사 내 만연한 비합리적 조직문화에 대한 소회의 글을 인터넷에 올린 적이 있다. 그리고 그 글은 네티즌들 사이에서 퍼져나가 크게 화제가 되기도 했다. 그 글은 아직도 많은 사람들이 일 중심이 아니라 기업 중심의 사고에서 벗어나지 못하고 있는 현실을 잘 드러내준 것이었다.

이제 직장에서 우리가 해야 할 일은 직장이라는 외형적인 틀이 아니라 그 속에 내재된 일 중심의 사고를 통해 스스로 그 분야의 전문경영자 수업을 해나가는 것이다. 그때 직장은 돈을 받아가면서 배우는 훌륭한 학원이 될 수 있다.

일 중심의 1인 CEO 마인드를 가질 때 이제 조직은 그에게 새롭게 다가선다. 조직 내 모든 시스템과 사람들을 자신의 업무를 중심으로 재편할 수 있고 그에 따라 기업조직이라는 겉치레적인 틀에서 벗어나 생산적 인간관계라는 실질적인 관계로 인식할 수 있게 된다.

동시에 한 가지 꼭 기억해야 할 것이 있다. 모든 일은 사람을 위해 존재하며, 사람을 통해 일의 시작과 결과가 나타나는 것이기 때문에 사람들과 바람직한 협력체제를 통해 일이 이루어진다는 사실이다.

결국 자기경영의 1인 CEO란 무미건조한 일 중심의 사고가 아니라 사람 중심의 따뜻한 사고를 자신이 해야 할 일에 성공적으로 접

목시켜나가는 사람을 뜻한다. 직장은 곧 그러한 능력을 개발해나가는 훈련의 장이 된다.

이와는 반대로 직장이라는 외형적 틀을 전부로 생각하는 사람은 다음과 같은 특징을 띤다.

① 직장 내 자신의 역할이 아니라 직함에 더 많은 신경을 쓴다.
② 팀원의 공감이 아니라 상사의 지시에 따라 일의 성격과 방향을 결정한다.
③ 실수가 두려워 늘 익숙한 방식으로만 업무를 해결하려 한다.
④ 성과를 독점하려 하고 업무를 통해 익힌 노하우를 동료들과 나누는 데 인색하다.
⑤ 업무적으로 우월한 위치에 있는 외부 파트너와의 관계에서 자신의 지위를 여과 없이 드러내는 것에 익숙하다.

인생의 '멘토Mentor'와 '키맨Keyman'을 정하라

아무리 열심히 계획하고 준비해도 늘 짙은 안개 속을 더듬는 듯한 기분이 곧 삶이다. 그래서 인생은 꼭 책대로 되는 것이 아니다. 우리는 늘 책을 통해 배우지 못한 것에 대한 갈증을 느끼고 그 갈증은 우리보다 한 걸음 앞서 경험한 사람들을 통해 어느 정도 해소할 수 있다. 이러한 갈증을 풀어줄 열쇠를 쥔 사람들, 그들을 '멘토Mentor' 라 부른다.

멘토는 꼭 나이가 많은 사람일 필요는 없지만 대부분의 멘토 역할을 하는 사람들은 '멘티(Mentee, 조언받길 원하는 사람들)'에 비해 연장자인 경우가 많다. 어떤 분야의 단순한 경험 이전에 삶 전체에서 우러나오는 조언이 중요하기 때문이다.

멘토는 내가 살아가고자 하는 인생과 비전의 길잡이 역할을 한다. 따라서 나의 비전에 동의하며 공유할 수 있고 나의 장단점에 대해 언제라도 필요한 조언을 아끼지 않을 사람 가운데에서 구체적으로 본받고 싶은 사람, 나의 모델이 될 수 있는 사람을 정하면 된다. 물론 내가 멘토로 삼고 싶은 사람이 있다면 그 사람에게 정중히 부탁한 후 지속적인 관계를 맺어나가야 한다.

멘토가 인생과 비전의 길잡이라면 '키맨Keyman'은 사업적인 동반자다. 어떤 분야의 구체적인 도움이 필요할 때 효율적인 실마리를 제공해줄 수 있는 사람이다. 그렇다고 실질적인 동업관계에 있는 사람을 뜻하는 것은 아니다. '투자에 관해서는 어떤 사람을 통하면 된다' 라고 할 때 그는 당신의 키맨이 될 수 있다. 또한 사업적으로 막히는 일이 생겼을 때, 언제라도 그를 통해 문제를 해결할 수 있다면 그 역시 키맨이 된다.

멘토와 키맨은 동일인일 수도 있고 다른 사람일 수도 있다. 그러나 멘토가 포괄적이라면 키맨은 구체적이라는 점에서 가급적 따로 정해두는 것이 좋다. 이러한 멘토와 키맨으로부터 시작하여 인맥뿌리나 인맥지도를 만든다면 좀 더 효율적인 인맥 네트워크를 구성할 수 있다.

10년 후 은퇴, 혼자 이루는 것보다 함께 이루어나갈 때 더욱 쉽다.

당신의 멘토와 키맨은 누구인가?

명분 있는 지출관리
원하는 것보다 지금 당장의 필요를 기준으로 지출을 결정하라.

투자는 월간 총소득에서 총지출을 차감한 가처분소득을 대상으로 한다. 투자수익을 높이려 애쓰기보다 먼저 가처분소득을 높이는 데 더 많은 신경을 써야 한다.

가처분소득을 높이는 방법은 두 가지다. 지출이 동일하다면 소득을 높이는 것이 그 첫 번째 방법이다. 이를테면 자신의 몸값을 높이는 것인데 이것은 자기관리 영역에서 이미 언급한 사항이다. 두 번째 방법은 소득이 동일할 경우 지출을 줄이는 것이다. 물론 가장 좋은 방법은 소득을 높이고 지출을 줄이는 것이다.

낙전관리, 머무는 곳곳마다 돼지를 키워라

어릴 때 가끔씩 돼지저금통을 잡았던 기억이 나는가? 그때의 뿌듯했던 기분을 되새기면 수십 년이 지난 지금도 짜릿한 전율이 느껴진다. 그때는 우리집에 온 친척이나 손님들로부터 가끔씩 용돈을 받아 곧장 쓰고 싶은 욕망을 억눌러가며 돼지저금통에 넣어두었는데 나름대로는 고통이 컸다.

어른이 되어서도 가끔 공돈 같은 돈이 생긴다. 이를테면 시장보고 남는 동전이라든가, 지폐를 지불하고 받은 거스름돈 같은 것들이다. 어른들의 돼지저금통엔 그런 돈이 들어간다. 하찮은 동전이라 해도 돼지 배는 계속 불러오고 이윽고 배를 따야 하는 날 느끼는 희열은 어릴 때의 그것과 크게 다를 바 없다.

다만 달라진 게 있다면 어릴 때에 비해 돼지 배를 채워나가는 것이 전혀 고통스럽지 않다는 점이다. 살아가다 보면 있어도 그만 없어도 그만인 돈이 간혹 생긴다. 그러나 그런 낙전들을 잘 모으면 의외로 큰돈이 된다.

가장 대표적인 경우가 연말정산을 통해 환급받는 소득세이다. 대부분의 경우 연말정산 환급분은 1월 월급에 포함되어 나오기 때문에 추가로 생기는 공돈으로 여겨 비계획적인 소비활동에 지출해버리는 경우가 많다. 따라서 거위계좌나 소비계좌에 추가하여 그런 부정기적인 소득을 관리하는 통장을 따로 만들어두는 것이 좋다.

격월간이나 분기별, 반기별 등 거의 정기적으로 지급되는 상여금이 아닌 특별격려금도 마찬가지다. 이러한 부정기적인 수입은 월간 소득의 착시현상을 일으켜 순간적인 과소비를 자극할 우려가 많다.

그러나 뭐니뭐니해도 우리가 쉽게 소비해버리는 낙전 수입의 대표적인 경우는 각종 소득공제용 금융상품에 가입한 결과로 환급받는 소득세인데 그것만큼은 반드시 재투자한다는 생각을 가지고 관리해야 한다. 그렇지 않고 그저 공돈이라도 생긴 양 소비해버리고 나면 대부분 채권형 상품인 소득공제용 금융상품 가입으로 인한 총수익률이 은행 예적금 수준에 머무르고, 결국 10년 정도가 지나면 투자효율적인 측면에서 큰 불이익을 초래하게 된다.

이러한 낙전 수입은 반드시 별도의 통장으로 그만큼 이체하여 관리한 후 매달 불입되는 적립식 펀드 혹은 장기성 펀드인 변액연금이나 변액유니버셜상품 등에 추가 적립하는 형태로 투입하는 것이 좋다.

구멍관리, 비용 통제 도구를 만들어라

'밑 빠진 독에 물 붓기'란 벌어들이는 수입보다 쓰는 돈이 더 많음을 뜻한다. 대체로 첫 직장에서 첫 월급을 받았을 때 처음으로 자기가 번 돈을 써보는 희열이 거듭되던서 자기도 모르게 나쁜 소비습관으로 형성되는 경우가 많다.

옛날엔 월급을 모두 부모에게 맡기고 용돈만 조금씩 받아썼다. 부모는 그 돈을 계에 들기도 하고 은행 적금에 넣기도 하면서 좀 더 크게 불린 다음 자녀가 결혼하면 밑천으로 쓰라고 내어놓았다. 10% 이상 되는 고금리 시절에 가능했던 전설 같은 이야기지만 돈의 소중함을 잘 아는 부모가 관리를 대신하니 자연적으로 지출이 통제될 수 있었다.

그러나 투자의 패러다임이 바뀐 요즘 부모에게 돈을 맡기는 자녀는 별로 없다. 스스로 관리하고 투자하는 추세다. 이때 자칫 잘못하면 그릇된 소비벽에 빠지기 쉽다.

그걸 막는 방법은 의외로 간단하다. 부모를 대신할 통장을 만드는 것이다.

매달 월급이 들어오는 통장을 부모로 생각하고 자신이 받아 쓸 용돈 관리 통장을 별도로 만들자. 부모 통장에서는 적립식 펀드나 적금, 그리고 연금보험이나 VUL과 같은 장기투자성 상품 및 장기 보장성 보험료 등이 빠져나가게 한다. 그리고 한 달 지출할 용돈을 용돈 관리 통장으로 이체해두자. 용돈 통장에서는 주로 신용카드 대금이나 이동통신비, 학원비 등이 빠져나가게 한다. 신용카드 역시 가급적 직불카드로 바꾸는 것이 좋다. 직불카드는 잔액이 없으면 결제되지 않으니 신용카드처럼 결제가 이연되어 소비심리를 부추기는 부작용을 방지할 수 있다.

흔히 부모 통장을 '거위계좌'라고도 하며 용돈 관리 통장을 '소비계좌'라고도 한다.

아직 거위계좌와 소비계좌를 구분하고 있지 않다면 지금 당장 소비계좌를 만든 후 지난달 자신이 지출한 총소비액의 90%만 이체해두자. 그렇게 10%를 줄여도 크게 불편하지 않다. 그 10%는 통장을 구분하지 않고 사용함으로써 발생했던 누수이기 때문이다.

그 다음부터는 소비계좌에 이체되는 금액을 견딜 수 있을 만큼 의식적으로 줄여보자. 물론 불가피하게 초과 사용한 달이 발생할 수 있다. 그러나 이 달엔 얼마를 더 소비했구나 하는 것을 뚜렷하게 인식하고 다음 달의 소비를 억제하는 자극이 될 수 있다.

끊임없는 지출, 명분은 있는가?

살아가다 보면 다른 사람들을 위해 똑같은 돈을 쓰더라도 표가 많이 나는 사람이 있고 표가 나지 않는 사람이 있다.

예를 들어 동료 몇 명이서 식당을 갔다고 생각해보자. 식사를 마치고 각자 추렴하는데 한 동료가 지갑을 사무실에 두고 왔다며 점심값 5천 원을 빌려달라고 한다. 그럴 때 혹시 동료의 점심값을 빌려주는 대신 당신이 내어준 적이 없는가? 만약 앞으로도 그런 일이 생긴다면 그땐 동료의 부탁대로 점심값을 빌려주는 것이 낫다. 물론 사무실에 돌아오면 되돌려받아야 한다.

모든 지출에 명분을 만들어라. 사람들과 더불어 생활하다 보면 엉겁결에 예상치 못한 지출을 하는 경우가 있다. 가능하면 그런 일이 없도록 하는 것이 좋다. 동료에게 점심을 사고 싶다면 식사를 하러 나가기 전에 혹은 며칠 전에 미리부터 확실히 하는 것이 좋다. "이러저러한 이유로 내가 당신에게 점심을 사겠다."고 말이다. 그렇게 명분을 미리 만들어두면 동료는 반드시 그 일을 기억한다. 그러나 엉겁결에 대신 지불한 점심값은 잘 기억하지 못한다.

선물을 할 때도 마찬가지다. 뚜렷이 기억할 수 있게 하는 것이 좋다. 나는 조카들의 입학이나 졸업식 때 별도로 선물하지 않는다.

내가 아니더라도 다른 사람들이 선물을 할 것이다. 내가 주는 선물은 그가 받는 몇 가지 선물 가운데 하나일 뿐이다. 대신 나는 조카가 첫 직장을 잡고 어느 정도 시간이 지났을 때 고급 볼펜에 조카의 이니셜을 새겨 성공을 바라는 짧은 메모와 함께 전해주었다. 조카는 내게 특별한 감사를 전해왔다.

다른 사람을 위해 돈을 쓸 때, 가능하면 기쁜 일보다 슬픈 일에 더 많은 돈을 쓰는 것이 좋다. 예를 들어 친구의 결혼이나 돌잔치 등에는 불가피하게 참석 못하더라도 병환에 문병을 간다든지 부모의 장례식에 문상을 가면 그 모든 서운함이 사라질뿐더러 오히려 더 큰 감사의 마음을 갖게 된다.

또한 작은 지출을 여러 번 하는 것보다 큰 지출을 한 번 하는 것이 더 기억에 남는다.

물론 삶의 순간마다 그런 계산적인 기준을 가지고 판단하라는 말은 아니다. 그러면 우리의 삶이 얼마나 피곤하겠는가? 다만 꼭 돈을 모아야 하는 시기엔 모든 일에 금전적인 관심을 나타내기 힘든 경우가 많다. 그런 때 활용하면 좋다.

주변에 생활이 늘 위태위태한 후배가 있었는데, 어느 날 식품 이야기가 화제에 올랐을 때 그는 무공해식품에 대한 선호도를 지나치게 강조했다. 자기와 아내는 조금 비싸더라도 식품은 꼭 무공해를 찾아다니며 구매한다는 것이다. 건강을 위해 먹는 것 하나는 제대로 먹어야 한다는 것이 그의 지론이며 건강해야 돈도 번다는 것이 그의 소신이었다. 다 맞는 말이다. 그런데 그는 몇 달 전에 내게 빌려간 얼마 되지도 않은 돈마저 아직 갚지 못하고 있는 처지였다. 그때 나는 이렇게 말했다.

"여유가 된다면 당연히 좋은 식품을 사먹어야지. 그러나 그렇지 못한 사람이 그러다 보면 자칫 일반식품조차 사먹지 못할 일이 생길까 싶어 걱정이지."

아니나 다를까, 그 후배는 얼마 후 더 이상 연락이 되지 않았다. 지금 그가 무공해식품이 아니라 하루 세 끼나마 제대로 챙겨먹고 있는지 걱정이다.

모든 지출은 명분이 있어야 한다. 명분 있는 지출을 하는 사람은 소비도 자신의 분수에 맞게 한다.

교육비를 쿼터제로 통제하라

재론할 여지없이 과도한 교육비는 10년 후 은퇴의 가장 큰 장애물이다. 그리고 그런 교육비는 자녀교육을 바라보는 부모들의 태도에 달려 있다.

비록 교육학자는 아니지만, 지금껏 살아온 경험으로 생각건대 교육은 상대평가가 아니라 절대평가다. 즉 다른 경쟁자들을 떨어뜨려야만 내가 살 수 있는 전쟁이 아니라 사회에서 필요한 내 역할을 찾아가는 과정이 곧 교육이라고 생각한다.

그렇게 생각하면 교육과 교육비는 장기적인 관점에서 판단하고 결정해야 한다. 그래서 필요한 것이 세상을 바라보는 따뜻한 태도와 안목, 독립심, 창의적인 사고 등 세 가지 요소가 아닌가 한다.

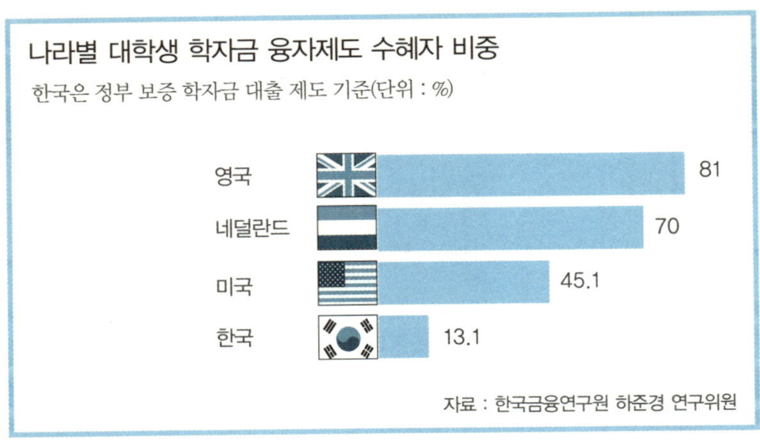

혹자는 이렇게 말한다.

"사회에서 필요한 역할을 좋은 학교를 통해 찾으려다 보니 경쟁은 필수적이다."

물론 동의한다. 그러나 그것 때문에 자녀들에게 궁극적으로 필요한 그 세 가지 요소를 묶어버린다면 단기적으로 성공할지언정 장기적인 성공은 불투명하다.

미국에서 치르는 SAT에서 2천400점 만점을 받는 학생들은 미국 전역을 통틀어 매년 3천여 명 정도에 불과하다. 그런데 그들 중 무려 50%가 넘는 학생들이 아이비리그 소재 대학에 입학을 못하고 탈락한다고 한다.

이유는 간단하다. 타인에 대한 배려와 건강한 리더로서 자질이 부족하기 때문이다. 그것이 곧 세상을 바라보는 따뜻한 태도와 안목이며, 독립심과 창의적인 사고가 이를 강화시켜준다.

우리 교육에서 단기적인 성공은 유명 대학의 입학 여부로 결정되고 대부분의 부모들이 그것에 올인한다. 그러나 장기적인 관점에서 자녀를 바라보고, 자녀 스스로 사회적으로 필요한 역할을 찾아가는 여정에서 진정한 동반자가 되려는 부모들은 그야말로 '심心의 동행자同行子' 자세로 자녀가 홀로 설 수 있도록 훈련시키고 격려한다.

그렇다면 문제 해결법은 명료하다. 어릴 땐 먼저 내 아이의 적성을 세심하게 찾는 일에 많은 관심을 기울여야 한다. 하루 종일 어린이 집에 맡기고 찾아오는 일만 되풀이한다거나 어린아이를 할머니 집에 맡기고 일주일에 한 번씩 찾아오는 일만 반복하다 보면 아이들을 정상적으로 관찰하는 일이 힘들어지고 교육비용 역시 만만찮게 지출될 수밖에 없다.

그래서 자녀가 어느 정도 성장할 때까지 엄마가 밀착하여 양육하는 것이 중요하다. 전업주부가 위대한 이유가 거기에 있다. 물론 이런저런 형편에 어쩔 수 없이 그래야 하는 경우도 많다. 그럴 때는 가급적 아이들과 함께하는 시간을 늘려야 한다. 아이의 재능과 적성을 정확히, 빨리 파악하는 것이 교육비를 줄이고 교육비 대비 결과의 효율성을 높이는 지름길이다.

미국 사립대학생의 70%는 브모의 재산 여부와 상관없이 본인의 학비를 스스로 조달하고 있으며, 그들이 첫 직장에서 첫 월급을 받는 순간 재무 설계사와 상담하여 처음으로 시행하는 플랜이 채무상환 플랜이다. 그에 반해 한국의 대학생들은 철저히 부모에게 의존하고 있는 실정이다. 한국에서도 이제 대학 학자금에 대한 대출제도가 좀 더 폭넓게 발전하고 있다. 말귀를 알아들을 만큼 성장한 자녀들이라면 부모가 지원해줄 수 있는 범위를 분명히 해두어야 한다.

구체적으로는 수입에서 먼저 교육비를 지출할 것이 아니라 은퇴에 대비한 최소한의 저축을 먼저 공제한 후 교육비를 결정해야 한다. 이때 필요한 것이 교육비 쿼터제다.

예를 들어 큰아이의 학원비용이 추가되면 작은아이의 학원비를 조정한다. 그리고 반드시 그 사실을 큰아이에게 주지시킨다. 이번 수강 신청으로 인해 동생의 어떤 수업을 당분간 못하게 되었다고. 교육비를 지출할 때도 그 명분을 정확하게 주지시키는 것이 좋다. 당연히 큰아이의 책임감이 증가하고 수강 효율도 향상된다. 동시에 동생은 형을 위해 뭔가 기여했다는 생각을 가지면서 자기로 인해 다른 형제의 기회가 줄어들지 않도록 해야 한다는 경각심을 가지게 된다.

교육비는 통제할 수 있다. 그렇게 결단하는 것은 아이들이 아닌 어른들의 몫이다.

2007년부터 시행하고 있는 주택연금제도는 4060세대에겐 사실 획기적인 제도이지만 당사자들 사이에서는 본인들이 거주하고 있는 주택을 담보로 연금을 받는 것에 대해 어떤 딜레마에 빠져 있다. 대학은 물론이거니와 때론 유학자금과 결혼자금까지 지원하는 것도 모자라 자녀들에게 '주택이라도' 물려줘야 한다는 것이 그들의 생각이다.

하지만 자녀교육에 대한 태도가 10년 후 은퇴, 그 이후를 결정한다는 사실을 기억해야 한다.

현금이 지출을 통제한다

고객 가운데 한 사람은 그가 가진 모든 재산도 모자라 형제들에게까지 빌려 회사를 차렸으나 코스닥 거품의 소용돌이에 휩싸여 속절없이 무너져내린 후, 한동안 개인파산을 고려할 정도로 빚에 허덕였다. 그때 그는 보험 영업에 뛰어들어 매주 세 건 이상의 신계약을 달성하는 3W를 2년 동안 한 주도 쉬지 않고 이루어나갔다. 그 덕에 신인왕은 물론 2년 연속 MDRT 자격까지 획득했다.

하지만 언제나 급여일이 되면 깊은 허탈감의 노예가 되어야 했다. 버는 돈의 대부분을 이자비용으로 지출하다 보니 마이너스 표시가 선명한 통장을 쳐다보면 참담 그 자체였다. 그러나 이를 악물고 앞만 보고 달린 끝에 어느 정도 급한 불을 끄고 형제들 빚만 남았구나 생각하며 통장을 쳐다보았을 때도 여전히 저축할 여력은 없었다.

도대체 내 돈은 매달 어디로 빠져나갈까 싶어 살펴보았더니… 맙소사! 매달 만만찮은 신용카드 할부대금이 그 큰 아가리를 벌리고 있었다. 당장의 빚 갚기에 급급하다 보니 웬만한 지출은 신용카드 할부로 죽죽 그어왔던 것이 화근이었다.

우리는 흔히 이자비용이라 하면 은행 대출이나 각종 사채이자를 생각한다. 그러나 그렇게 표나는 이자비용은 관리가 쉽고 청산 계획을 세워 갚아나갈 수 있다. 오히려 문제는 별로 표나지 않으면서 통장 잔고를 쑥쑥 떨어뜨리는 이자비용이다.

그 대표적인 것이 신용카드 할부 구매비용이다. 물론 신용카드를 사용하면 편리하다. 그러나 그 편리함이 사치로 생각되는 형편이면 먼저 신용카드를 잘라버려라. 현금 구매는 여러 가지 장점이 있다. 우선 지출을 그 달의 급여 범위 내에서 통제할 수 있다. 그러다 보면 자연적으로 소비습관이 바뀐다. 더욱이 상점 주인은 현금을 좋아한다. 당연히 추가할인을 요구할 수 있는 명분이 된다.

주말 비용도 현금 흐름표에 주름이 가게 하는 큰 요인이다. 대부분 즉흥적으로 생각 없이 떠나는 나들이일수록 비용 또한 급증한다. 미리 계획하여 도시락이라도 준비하고 집을 나서면 적어도 절반 이상의 비용을 절약할 수 있다.

원하는 것인가? 필요한 것인가?

살아가는 데 필요한 세 가지 영역 '의식주衣食住'에는 기본적인 사양이 있고 부가적인 선택 사항이 있다. 입어야 할 옷을 사고 먹어야 할 음식을 선택하며 잠을 자거나 쉴 수 있는 주거공간을 정할 때는 언제나 두 가지 상반된 잣대, 즉 이상과 현실로 인해 갈등을 겪고야 만다. 요컨대 내가 입고 먹고 머물고 싶은 것과 내가 지금 가진 돈이 불균형을 이루는 것이다.

그러한 불균형을 조정하기 위해 신용카드가 있고 대출이 있으며 월세라는 기막힌 수단도 있다. 그러나 지금 당장의 불균형을 그런 방법으로 왜곡시키다 보면 앞으로 불균형이 더욱 심각해질뿐더러 자칫 평생을 불균형 속에서 갈등하며 살아야 한다.

원하는 것보다 지금 당장의 필요를 기준으로 지출을 결정하라. 그러다 보면 언젠가는 원하는 것에도 지출할 수 있는 날이 온다.

신혼 때 어머니는 아내에게 이런 말을 했다.

"집에 이것저것 들여놓지 마라. 이사갈 때 짐만 된다."

그러나 아이를 셋 낳아 기르는 동안 이런저런 세상의 호기심에 동하여 이윽고 우리 집은 창고가 되었고 그중 일부는 이사갈 때마다 버리고 가야 했다. 결국 돈을 버리고 가는 셈이다.

살면 살수록 소담하고 간단하게 차려놓고 사는 사람들이 더 아름답게 느껴진다. 특히나 10년 후 은퇴를 꿈꾸는 사람이라면 더욱 그렇다. 가난한 아빠나 어느 날 갑자기 부자가 된 아빠가 자녀에게 더 후하다. 스스로 기죽지 않으려는 마음이 있어서다.

반면 진정한 부자들은 오히려 자녀에게 인색하다. 그들은 이미 소비를 통해서가 아니라 그 이상의 것을 통해 삶의 가치를 찾으려 하기 때문이다. 대체로 자기 자신에게 열등감이 있는 사람들이 소비에 관대한 것도 그와 비슷한 이유이다. 지나친 소비와 치장을 통해 자기 자신을 감추려 하는 것이다.

먼저 자신을 사랑하고 자기가 자기인 것에 대해 자부심을 느껴라.

누구나 장점이 있다. 설령 사업에 실패하여 지금 당장 죽고 싶을 만큼 절망에 빠진 사람에게도 장점은 여전히 남아 있다. 다만 계획하고 실행해왔던 과정에서 어딘가 실수가 있었을 뿐이다.

장점을 찾기 위한 가장 좋은 방법은 가까운 사람에게 자신의 장점을 알려달라고 부탁하는 것이다. 다른 사람들은 다 아는데, 자신만 모르고 있는 것이 자기 장점이다. 그렇게 자부심을 갖게 되면 소비와 치장이 정말 별것 아닌 것으로 느껴진다.

이제 막 결혼하여 전세부터 시작한 신혼집이 갖가지 화려한 인테리어와 가재도구들로 치장되어 있는 모습을 보는 것만큼 난감한 경우가 없다. 그로 인해 그들의 은퇴는 최소한 3년 정도 연장된다.

만약 당신이 지금 2030세대라면 젊음 자체가 특권이다. 자연으로 살더라도 아름답고 당당해 보인다. 또한 4050세대라면 그 어떤 상황에서도 세상을 관조할 수 있는 여유가 특권이다. 자신을 사랑할 수 있다면 지금 처한 경제적인 형편껏 자연으로 살더라도 넉넉한 아름다움이 느껴질 수밖에 없다.

자연으로 살아라. 건강에도 좋을뿐더러 우선 돈이 적게 든다. 전세나 월세 집을 구할 때도 위치나 크기에 돈을 맞추지 말고 내가 가진 돈에 집을 맞추어라. 절대적으로 돈을 모아야 하는 시기라면 자동차는 최대의 적이다. 할부금과 보험료, 유류비, 통행료, 주차비, 수리비 외에도 반갑지 않은 범칙금을 비롯하여 자동차로 인해 발생하는 여가비용까지 고려하면 소형 자동차 한 대가 차지하는 경제적 비용은 한 달 70만 원 정도이다.

이 돈을 만약 주식형 펀드에 투자하여 10%의 수익률로 운영했다면 3년 후 약 3천만 원 가까운 돈을 모을 수 있다. 결국 소형 자동차 한 대로 인해 3년 동안 지출되는 2천520만 원과 그 돈을 펀드에 투자하여 얻을 수 있는 3천만 원과의 차이는 총 5천520만 원에 이르게 되고 장기 운용을 통한 수익을 감안할 때 그들의 은퇴를 최소한 3년 정도 앞당길 수 있다.

자연으로 살아라. 자신을 사랑하는 당신, 짝퉁조차 아름답다.

절세 관리를 장기화하라

사업가나 급여생활자 할 것 없이 언제나 세금은 짜증스런 대상이다. 알게 모르게 우리의 모든 행위에는 세금이 부가된다. 그러나 그런 세금으로 파출소, 소방서, 보건소가 지어지고 아이들의 학교가 지어진다고 생각하면 공동의 경비를 분담하는 것에 불과한 것이 또한 세금이다.

그러나 나보다 더 많은 돈을 벌면서도 세금을 적게 내는 사람이 있고, 부과된 세금을 모두 내는 나와 달리 누구는 냈던 세금조차 오히려 환급받으니 짜증스럽다.

일반적인 절세 관리는 이미 많이 알려져 있다. 먼저 영수증을 착실히 모으는 것이다. 교육비며 의료비 등 이런저런 지출을 이용하여 소득공제 받는 것은 이제 기본이 되었다. 두 번째는 소득공제용 금융상품에 가입하는 것이다. 연금저축성 상품이나 장기마련주택저축 등과 같은 상품들이다. 장기주택담보대출 역시 이에 해당한다. 세 번째는 세금우대 금융상품에 가입하여 이자수익에 대해 일정 비율의 감면을 받는 것이다.

그러나 절세 관리에서 중요한 것은 이를 장기화해야 한다는 점이다. 사람들은 대체로 1년 단위의 소득을 기준으로 절세방안을 연구하는 것에 익숙하다. 그러나 그런 정도는 위에서 언급한 세 가지 것들만 충실히 이행하면 더 큰 노력과 고민이 필요 없다. 가장 중요하고 관리가 필요한 부분은 장기수익에 대한 절세방안이다.

예를 들어 100% 주식형 펀드에 매달 100만 원씩 불입하여 10%의 수익률로 10년을 운용한다고 했을 때 10년째 되는 해의 원금은 1억 2천만 원이며 수익금은 8천400만 원으로 총 2억 400만 원 정도의 돈이 된다. 그러나 수익금에 이자소득세 14%와 주민세 1.4%를 공제하면 약 1천293만 원이 줄어든다. 물론 이 글을 쓰는 지금은 주식거래차익에 대한 과세가 시행되지 않고 있으나 오래지 않아 주식거래차익에 대한 과세가 임박했다는 것 역시 쉽게 예상할 수 있다. 다만, 지금 이 내용을 언급하는 것은 1년 단위의 소득에 부과되는 세금을 1년 단위로 절세하는 방법을 찾는 것이 이미 일반화되어버린 내용이라면 좀 더 영양가 높은 절세는 장기투자수익에 대한 절세방안을 찾는 것이라는 점을 강조하기 위해서다.

우리는 이미 장기투자를 통한 복리 효과에 대해 잘 알고 있다. 따라서 복리를 통해 크게 증식된 자산에 부과되는 세금을 잘 관리하는 것이 단기간의 일반화된 세금을 관리하는 것보다 더 중요하다. 특히 절세형 상품에 가입한 후 1년 단위로 돌려받는 환급세액의 대부분을 재투자로 불려가기보다 생활비나 여가, 문화활동비 등으로 소비하는 현실에서 복리 효과를 통해 얻어지는 수익에 대한 비과세는 수익의 크기만큼 직접적으로 영향을 미치기 때문이다.

언젠가 40대 중반의 회사원이 퇴직금 중간정산을 통해 마련한

1억 원을 펀드에 투자하고 싶은데 좋은 펀드를 추천해달라는 요청을 해왔다. 상담하면서 그에게 금융소득 종합과세에 대해 잠시 설명을 했더니 갑자기 손사래를 치며 당황해했다.

이유인즉슨 자기는 금융소득 종합과세까지 신경써야 할 만큼 '부자'가 아니라는 것이다. 그러나 금융소득 종합과세란 것이 무엇인가? 1년 동안 각종 이자나 배당 등을 합친 연간 금융소득의 합이 4천만 원을 초과할 경우 다른 종합소득과 합산하여 누진세율을 적용하는 제도이다.

만약 그가 한시적 비과세에서 제외된 일부 해외펀드나 실물펀드 및 채권형 비율이 높은 펀드에 투자하여 1년 동안 40% 이상의 수익률을 기록한다면 그는 부자가 될 것이다. 투자란 그런 결과가 충분히 가능한 것이고 더 높은 기대수익률을 꿈꾼다면 그에 대한 절세방안도 함께 마련해야 한다. 따라서 과거 1년 동안의 소득에 대한 절세를 기본으로 앞으로 예상되는 투자수익에 대한 절세를 함께 생각하는 자세가 필요하다.

10년 후 은퇴, 그 꿈이 이루어지는 순간 당신은 당연히 부자의 반열에 올라 있다. 따라서 금융소득 종합과세뿐만 아니라 증여나 상속 등에 이르는 절세방안을 기초로 준비하고 계획해가야 한다. "부자가 되려면 이미 부자가 된 것처럼 생각하라."는 의미 있는 말은 10년 후 은퇴를 꿈꾸는 당신에게 정확히 적용된다.

적게 벌어도 많이 모으는 투자관리
억지로 투자하라. 당신의 억지가 10년 후 은퇴를 보장한다.

소득에서 지출을 뺀 가처분소득을 어떻게 불려나갈 것인가에 대한 이야기다. 일반적으로 잘 알려진 투자대상은 은행 예적금을 포함하여 그와 비슷한 수준의 수익률을 나타내는 채권형을 비롯, 주식에 주로 투자하는 주식형, 부동산 등이 있고 투자 지역은 크게 국내와 국외로 나눌 수 있으며, 투자 기간은 1년 이내의 초단기와 3년 이내의 단기, 그리고 3년 이상 7년 이내의 중기 및 7년 이상의 중장기, 10년 이상의 장기 등으로 나눌 수 있다.

인구지도를 보면 투자방법이 보인다

투자는 무엇인가? 돈이 될 만한 것을 싸게 사서 비싸게 팔아 수익을 남기는 것이다. 이때 돈이 된다는 것은 곧 많은 사람이 그것에 탐을 낸다는 뜻이다. 그런데 지금은 아니다. 아직까지 사람들이

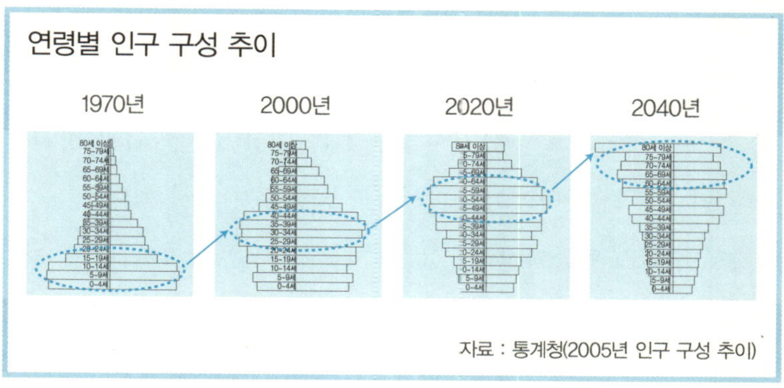

그것에 대해 관심이 없다. 따라서 당연히 값이 싸다. 물론 언젠가는 사람들의 관심이 몰리면서 그 값이 오를 것이다. 그것을 기대하면서 지금 값싸게 구매한다. 이것이 곧 경제학에서 말하는 '수요 공급의 법칙'에 의한 가격 결정 방식이다.

그러면 그 '때'를 어떻게 판단할까? 가장 좋은 방법이 인구지도를 보는 것이다.

그림의 인구지도는 우리나라의 예상 연령별 인구 구조를 나타내고 있다. 확연히 느껴지는 것은 갈수록 60세 이상 연령층의 비중이 늘어난다는 것이다. 반대로 이야기하면 60세 이상 연령층에 필요한 것들에 대한 수요가 늘어날 것이란 뜻이다. 그때에 맞춰 실버 관련 사업을 준비하는 것이 투자에 유익하다. 반면 갈수록 아이들의 숫자가 줄어든다. 요즘도 동네 소아과나 산부인과병원이 문을 닫는 경우가 늘고 있다. 앞으로는 더욱 심각할 것이다. 유아방과 놀이방이라든가 어린이집이나 유치원 등에 투자하는 사업은 갈수록 힘이 들 것이다.

20세에서 60세에 이르는 경제활동인구 역시 줄어든다. 무슨 말인가? 제조업이 갈수록 자동화되고 노동력이 풍부한 중국을 비롯한 아시아 각국으로 생산기지를 옮기는 현상이 가속화될 것이고 북한 역시 훌륭한 대안이다. 그 결과 공장용지 역시 의미 있는 투자수단이 되기 힘들어진다.

그럼 아파트는 어떨까? 지금 100~132㎡(30~40평)대 아파트를 보유하고 있는 사람들이 나이가 들어가면서 필요 없게 된 넓은 주택을 시장에 처분하려고 내놓을 것이다. 아니면 자녀들에게 그 집을 넘겨줄 수도 있다. 그런데 그런 집을 받아야 할 지금의 10대, 20대들은 갈수록 줄어든다. 당연히 시장에 나오는 주택보다 팔리는 주택의 수가 적을 것이고 그 결과 아파트 가격은 하락할 수밖에 없다. 물론 서울의 강남처럼 특정 지역에서는 수요공급이 제한적으로 적용되는 경우도 있을 것이다. 그러나 인구 구조가 갈수록 고령화되면서 복잡한 도심에 대한 매력이 얼마나 오랫동안 지속될 수 있을 것인가는 미지수다.

주택을 보유한 고령자들에게 2007년부터 시행된 주택연금제도(주택을 담보로 종신토록 연금을 받을 수 있는 제도)는 한마디로 복음과 같다. 시행 초기엔 자녀에게 상속해왔던 전통적인 가치관과 갈등으로 활성화되지 않을 수도 있겠지만 해가 거듭될수록 그 진정한 수혜를 누리려는 사람들이 증가할 것이다. 그러나 주택연금제도는 인구 구조 변화를 통한 주택시장의 가격 구조를 고려할 때 자칫 국민연금제도와 같이 미래의 정부 부실의 원인으로 작용할 가능성이 크다. 그만큼 정부가 미래의 위험을 감수하고까지 주택 소유자들에게 혜택을 제공하려는 것은 급속한 느령화로 인한 복지 준비가 미흡하다는 뜻이다. 따라서 우선은 개인이 소유한 부동자산의 이용 가치를 높여주려는 고민의 결과가 주택연금제도로 나타난 것이다.

주식은 어떨까? 부동산을 통한 수익률 기대치가 갈수록 떨어지면서 시중자금이 급격히 주식으로 이동하고 있다. 더구나 2007년 현재 연간 1조원 정도 운영되는 퇴직연금이 2010년에는 무려 44조원으로 늘어날 예정이고 국민연금 역시 2006년 기준 189조 원의 기금이 2012년에는 398조 원으로 불어나는 가운데 약 30%인 120조 원 정도가 주식에 투자될 것으로 보인다. 그러고 보면 주식을 사고자 하는 돈은 개인과 각종 연기금을 합쳐 갈수록 증가할 수밖에 없지만 소위 우량주는 제한된 상황에서 값이 오르는 유동성 장세를 예고한다.

세금은 어떨까? 인구 구조 변화를 통해 경제활동인구가 줄어들면서 근로소득세와 사업소득세 등의 정부 세수는 갈수록 줄어드는 반면, 노인복지에 투자되어야 할 비용은 갈수록 늘어나고 유아복지나 출산장려를 위한 비용 역시 늘어나는 가운데 만성적인 재정적자에 시달릴 가능성이 높다.

따라서 당연히 정부의 세원 발굴작업이 가속화될 것이고 이는 곧 객관적으로 확인되는 재산(부동산, 연금을 비롯한 금융자산 등)에 대한 과세가 지금보다 더 강화될 것임을 의미한다. 동시에 현재 비과세로 보호받고 있는 주식 거래와 미술품 거래는 물론 보험 등 일부 금융상품의 비과세혜택 역시 폐지되거나 줄어들 수밖에 없다.

10년 후 은퇴를 꿈꾼다면 은퇴 이후의 변화에 대한 투자효율을

염두에 두고 인구지도를 배경으로 장기적인 관점에서 계획해나가
는 자세가 필요하다.

정책을 보면 돈이 보인다

정부 정책은 투자의 안전판이다. 정부 정책을 미리 알 수 있다
면 투자수익률을 높이는 데 당연히 큰 도움이 된다. 그러나 그렇지
못하기 때문에 정부 정책을 보고 따라가는 투자에 만족할 수밖에
없다. 물론 정부 정책에 순응하는 투자가 항상 좋은 결과를 가져오
는 것은 아니다. 그러나 거시적이고 장기적인 정책은 대체로 들어
맞는다. 다만 시차가 있다는 것을 염두에 두어야 한다.

예를 들면 10년 후 효과를 나타낼 정책을 보고 2~3년 운용할 수
있는 자금으로 투자하면 당연히 낭패를 본다. 따라서 정부 정책은
기본적으로 신뢰하되 그 적용시기와 투자금액 및 투자기간에 대한
판단은 신중해야 한다.

흔히들 정부 정책에 역행하면 성공한다는 속설이 있는데 그것
은 단기적으로 유효하다. 예를 들면 지난 2002년에서 2006년 사
이 정부는 끊임없이 부동산 가격을 떨어뜨리기 위해 노력했지만
그 기간 동안 부동산에 투자했던 사람들은 오히려 수익을 얻었다.
그러나 결국 2006년 말부터 부동산에 대한 투자매력이 감소하기
시작하면서 현재는 금융기관 일선 PB들이 편입을 꺼려하는 투자
대상이 되어버렸다.

주식도 마찬가지다. 벤처 열풍이 한창이던 2000년 초, 정부는 이미 벤처 거품을 예상하고 주식 시장어 몰려 있던 자금을 부동산으로 분산시키기 위해 아파트 구입 시 담보가액 대비 무려 90%까지 대출을 허용했다. 만약 그때 아파트로 갈아탔던 사람들은 이후 상당한 시세차익을 누렸음은 물론이다.

과거의 경험으로 볼 때 정부가 보내는 경고음은 현재 투자대상의 예상되는 최고 수익률 대비 80% 선에서 나타나는 경향이 있다. 따라서 정부의 경고음을 무시하고 신규나 계속 투자는 할 수 있으나 심한 조정이 임박했음을 염두에 두그 매매 타이밍을 보수적으로 가져가는 것이 좋다.

10년 후 은퇴를 꿈꾸는 당신은 이제 앞으로 10년 동안 적어도 세 번의 외부적인 변곡점을 흐릿하게나마 예상하면서 준비해나가야 한다. 따라서 시장의 변화에 직접적으로 뛰어들어 정신을 잃기보다는 현재의 직업에 충실하면서 한 발짝 뒤로 물러나 전체를 조망해가면서 적절한 타이밍을 기다리는 자세가 필요하다.

한 발짝 물러나서 조망하라

사람들은 언제나 기회에서 넘어진다. 기회는 위험의 가장 친한 친구다. 반대로 위험 또한 기회의 다른 얼굴이다. 당신이 할 일은 기회와 함께 온 위험을 경계하고 위험 속에서 기회를 찾는 일이다. 누구나 '지금이 기회다' 라고 외칠 때 기회는 이미 등을 돌리고 떠나가고 있다.

2000년 중반, 너도나도 코스닥에 돈을 쏟아부을 때 현명한 투자자들은 증시를 떠나 아파트로 옮겨갔고 부동산 광풍이 온 나라를 집어삼킬 듯했던 2005년에서 2006년 사이, 그들은 유유히 강남을 떠나 그들의 지갑을 평창동으로 옮겨 그림을 사들였다.

반대의 경우를 살펴보자. 오래전을 돌이켜보면 1997년 IMF 때 기업들로부터 거의 내던져지듯했던 법인 골프회원권을 거저줍듯 사들이는 사람이 있었고 벤처 열풍이 사그라들면서 함께 초토화된 코스닥 우량기업들을 일일이 방문하며 그 주식을 헐값에 사모았던 이채원 매니저(한국밸류 10년 투자주식펀드 운용 매니저) 같은 사람이 있었다.

무엇이 그들을 정반대의 길을 걷게 했을까?

한 발짝 물러나서 조망하라. 2, 3년마다 강산이 변하는 시대에서 살고 있는 지금, 어떤 기회나 위험이든 간에 그때부터 2, 3년 후를 조망할 수 있는 안목을 기른다면 당신의 기회는 언제나 기회로 작용하며 다른 사람의 위험 역시 당신에겐 기회일 수 있다.

전문가도 아닌 내가 어떻게 2, 3년 뒤를 예견할 수 있을까? 이렇게 생각하면 안 된다. 신문이나 인터넷에서 경기종합지수 한 가지만 자세히 들여다봐도 거시경제 예측은 가능하다.

경기종합지수는 미래의 경기 동향을 예측하는 경기선행지수, 현재의 경기 상황을 파악하는 경기동행지수, 경기 동향을 확인하는 지표로 사용되는 경기후행지수 등의 세 가지 지수로 구성되어 있고 통계청에서 매월 단위로 조사하여 발표하고 있다.

빚, **투자와 동행**하라

고객 가운데 한 분은 10여 년 전 주변 사람들로부터 제법 큰돈을 투자받아 벤처기업을 창업하였으나 이런저런 사정으로 자금 지원이 끊기는 바람에 큰 난관에 부닥뜨리고 말았다. 그러나 그를 믿고 함께해온 직원들마저 힘들게 할 수 없어 모든 지분을 직원들에게 넘기고 회사를 나오다 보니 수중에 남은 것이라곤 온통 빚투성이뿐이었다.

그 뒤 그는 처음부터 다시 시작하는 마음으로 아내와 함께 자그마한 식당을 차려 악착같이 일한 결과 제법 많은 돈을 벌었다. 그런데 그 전까지는 당장 급한 빚과 이자를 갚느라 재정적으로는 늘 힘들게 버텨나가던 시절이었지만, 그때를 생각하면 그렇게 후회가 많다고 했다.

그때만 하더라도 아파트가 막 오르기 시작할 때였고 은행에서 많은 자금을 대출해주었기 때문에 마음만 먹으면 내 돈 크게 들이지 않고 아파트 한두 채를 살 수 있었다. 그렇다 해도 우선 빚 갚는 데 몰두하다 보니 아파트에 투자할 수 있는 종자돈조차 남겨놓지 않은 것이다. 자신에게 닥친 변곡점을 기회로 활용하기는커녕 덩그러니 쳐다보고만 있어야 하는 형편을 스스로 자초한 것이다.

사람이든 기업이든 돈의 흐름에 있어서는 일정한 사이클이 있다. 즉 이런저런 외부의 변화에 영향을 받는 것이다. 따라서 돈을 벌고 있을 때 그 돈을 모두 소비하거나 빚 갚는 데 사용해버리면 막상 어려울 때 새로운 대출을 받을 수밖에 없고 결과적으로 늘 빚에 시달리게 된다.

설령 빚이 많다 하더라도 무엇보다 좌절하지 말아야 한다.

둘째, 번 돈의 일부를 반드시 투자해나가면서 언제 닥칠지 모를 변곡점, 즉 투자기회를 준비하고 있어야 한다. 그 결과 생각보다 빨리 빚을 갚아나갈 수 있다.

10년 후 은퇴를 꿈꾸는 당신, 빚이 많아 절망하는가? 그럴수록 투자와 동행하라.

원금을 까먹지 않아야 한다

자칫 원금을 까먹는 일이 벌어지면 본전에 대한 회복심리로 인해 더 큰 위험을 선택하는 경향이 있고 그 결과 본전을 회복하기는 커녕 깡통계좌, 즉 빚까지 생기는 경우를 많이 보아왔다. 그런 상태에서 또다시 시작하여 몇 번 성공을 한다 하더라도 어느새 단기투자에 대한 습관이 생겨 또 언젠가는 단 한 방에 그때까지의 성공을 날려버릴 수 있기 때문이다.

결국 10년이 지나도 여전히 제자리걸음이다. 10년 후 은퇴의 꿈은 단지 한순간의 성공이 아닌, 작지만 꾸준한 성공이 10년을 넘어서도 계속 이어질 때 완성된다.

그렇다면 어떻게 해야 원금을 까먹지 않을까?

먼저, 위험을 분산한다.

위험을 분산한다는 것은 다시 크게 다섯 가지로 설명할 수 있다.

① 투자대상을 분산한다.

가령 그때그때의 상황에 따라 주식과 부동산 및 채권(예금) 등으로 분산한다.

② 지역을 분산한다.

투자지역을 국내와 국외로 나눈다.

③ 기간을 분산한다.

1년 이내, 3년 이내, 5년 이내, 10년 이내, 10년 이상 등으로 구분한다.

④ 상품을 분산한다.

몇 가지 유형의 펀드를 가입한다.

⑤ 금액을 분산한다.

1억 원을 투자하더라도 한 번에 투입하지 말고 어느 정도의 기간에 걸쳐 투입금액을 적절하게 분할 투자한다.

물론 위의 다섯 가지 분산을 모두 적용해야 하는 것은 아니다. 소득의 안정성 면이나 현재의 자산 규모 등에 따라 적절하게 선택하면 된다.

한 예로 이제 막 사회생활을 시작한 세대인데, 직장의 안정성, 즉 소득의 안정성이 극히 적다면 먼저 1년 내 종자돈을 마련한다는 생각으로 1년짜리 정기적금에 모든 소득을 투입할 수 있다. 반면 소득의 안정성이 적어도 수 년 정도 확보가 가능하다면 3년 이내의 투자상품에 가입할 수 있으며 소득의 안정성이 10년을 초과한다면 좀 더 다양한 방법의 분산투자를 시도할 수 있다.

원금을 까먹지 않는 두 번째 방법은 일시적인 변동이 아니라 추세적인 변동성을 기준으로 행동하는 것이다.

예를 들면 주식 시장의 환경, 즉 수급상황, 경제전망 등을 토대로 투자 여부를 결정한다. 그 결과 떨어질 때 사고 비쌀 때 팔 수 있게 된다. 물론 쉬운 일은 아니다. 따라서 정부 정책을 참고하면서 각종 선행지표를 토대로 한 걸음 뒤로 물러나 조망하는 습관을 길러야 하고 전문가와 함께 의논하는 것이 좋다.

돈을 시간에 맡겨라

기본적으로 돈은 시간이 불려준다. 우리가 돈을 은행에 갖다 맡길 때 이자를 붙여주는 것은 돈을 시간에 묵혀두는 값이다. 경제학적으로는 물가인상, 즉 화폐가치 하락분을 보전해주는 것과 같다.

반대로 시간 흐름에 따라 물가가 오히려 하락하는 디플레이션 상황에서는 이자를 주지 않을 뿐만 아니라 오히려 은행에 맡기는 비용을 예금주가 지불할 수도 있다. 일본이 한때 그랬다. 우리나라도 지금 일정 금액 이하의 소액 예금에 대해 비용을 받는 은행들이 있지만 일본에서 그랬던 이유와는 다르다. 한국의 경우는 부자고객 20%가 은행 수익 80%를 가져다주는 '파레토법칙'을 적용하여 80%의 가난한 고객들을 차별하여 비용을 받겠다는 이익 극대화 전략에 따른 것이다.

그러나 은행에만 돈을 맡겨두면 큰일 난다.

첫째, 지급하는 이자가 실제 물가인상률보다 낮다.

둘째, 이자에 세금이 붙는다.

셋째, 노동을 통해 돈을 버는 기간보다 노동하지 않고 써야 하는 기간이 훨씬 길다. 그래서 벌어들이는 수입을 밑천으로 훨씬 더 많은 돈을 만들어야 한다.

그럼에도 은행에 돈을 맡기는 이유가 있다. 원금을 까먹지 않는다. 그래서 꼭 필요한 돈을 일정 기간 맡겨놓을 때나 원금을 까먹지 않아야 하는 종자돈을 일정 기간 불릴 때 도움이 된다.

그렇다면 돈을 좀 더 적극적으로 불리려면 어떻게 해야 할까? 은행에만 돈을 맡기면 큰일 나는 세 가지 이유를 반대로 생각하면 된다.

첫째, 위험은 적지만 물가인상률보다 높은 이자(수익)를 얻자.

둘째, 아예 세금을 내지 말자.

셋째, 원금에 대한 이자(단리)만 받지 말고 이자에 이자를 받아(복리) 더욱 불리자.

그럼 그런 상품이 무엇일까?

단기적으로는 국내 주식형 적립식 펀드다. 채권형 펀드의 채권수익 부분에는 여전히 세금이 부과되고 리츠 등의 부동산펀드나 기타 실물펀드 및 해외펀드에도 세금이 부과된다. 물론 정책적으로 일부 해외펀드에 한해 일정 기간 과세가 유예되는 상품도 있다.

그러나 그러한 투자가 진정한 자기 자산이 되기 위해서는 한 가지 조건이 추가되어야 한다. 이것을 네 번째로 전제하면 이렇다.

넷째, 쉽게 찾아 쓸 수 없도록 투자되는 돈에 자물쇠를 채우자.

이것이 곧 장기투자상품이다. 사실 복리의 효과는 2, 3년의 투자로 체감하기 어렵다. 적어도 5년 이상 투자해나갈 때 어느 정도 나타나고 10년, 15년을 경과하면서 확연하게 드러난다.

위 네 가지 요건을 충족시키는 장기상품은 변액유니버셜보험 VUL과 변액연금보험VA이다. 왜 하필이면 보험상품인가? 이 상품들은 주식은 물론 채권이나 해외주식 혹은 해외펀드를 편입하면서도 10년 이상 유지할 경우 그 수익에 대해 전혀 세금을 부과하지 않는다. 아울러 장기투자로 인해 위험이 최소화되고 확연한 복리 효과를 맛볼 수 있는 반면 사업비 등의 수수료가 가입 초기에 대부분 빠지는 선취형 수수료 구조를 가지기 때문에 10년 이상 유지해야 효과를 볼 수 있다. 가입 초기에 해약하면 손해 보기 십상이다. 따라서 투자되는 돈에 자물쇠가 채워지면서 억지로 투자되어 나가는 것이다.

그런데 정말 부득이하게 더 이상 불입하지 못하게 되면 어떨까? 일시 불입중단과 같은 제도를 이용할 수도 있지만 근본적으로는 처음부터 단기성 투자상품과 분배비율을 효율적으로 가져가야 한다.

그러나 덜컥 사망이라도 하게 되면 어떨까? 장기투자상품이니 그럴 위험도 있다. 그런 이유 때문에 가입자의 사망 시 원금은 물론 일정 금액을 추가로 보장한다. 장기투자상품이 보험회사에 집중되어 있는 이유다. 따라서 은행이나 증권회사에서도 장기상품의

경우 변액유니버셜이나 변액연금을 보험회사를 대신해서 판매하
고 있다.

단기는 **장기를 구축**한다

　사람들이 투자를 하는 궁극적인 목적은 무엇일까? 물론 지금보
다 더 많은 돈을 모아 나중에 쓰려는 것이다. 지금 당장 써야 할 돈
을 위해 투자하진 않는다. 지금 쓸 돈은 일을 통해 번다.

　따라서 투자는 시간에 지금의 돈을 맡기는 것이다. 그러면 시간
은 그저 돈을 불려준다. 은행에 1년 동안 정기예금을 하는 것보다
2년, 3년짜리 정기예금에 가입할 때 더 높은 이자를 주는 것도 그
런 이치다. '복리의 마술' 이란 것도 결국 시간에 돈을 오랫동안 장
기로 맡겨둘 때 돌아오는 엄청난 수익을 의미한다.

　10년 후 은퇴를 꿈꾸는 당신의 목표는 결국 10년 뒤부터 죽을
때까지 써야 할 돈을 만들어두는 것이다. 그러면 지금부터 10년째
가 아니라, 20년, 30년째에 필요한 돈을 미리부터 그곳에 가져다
둘 수도 있다. 마치 마라톤 경기에서 구간 구간마다 식수대를 설치
해놓듯이. 10년 동안을 매달 같은 금액을 모아 10년째 쓰는 돈보다
20년, 30년째에 꺼내어 쓴다면 그 돈은 훨씬 엄청나게 불어나 있
을 것이다. 단지 시간이 그렇게 만들어준다.

　그러나 장기 레이서는 아무래도 부담이 된다. 따라서 내가 가진
모든 가처분소득을 장기투자에 몰입할 수는 없다. 그렇다고 모든

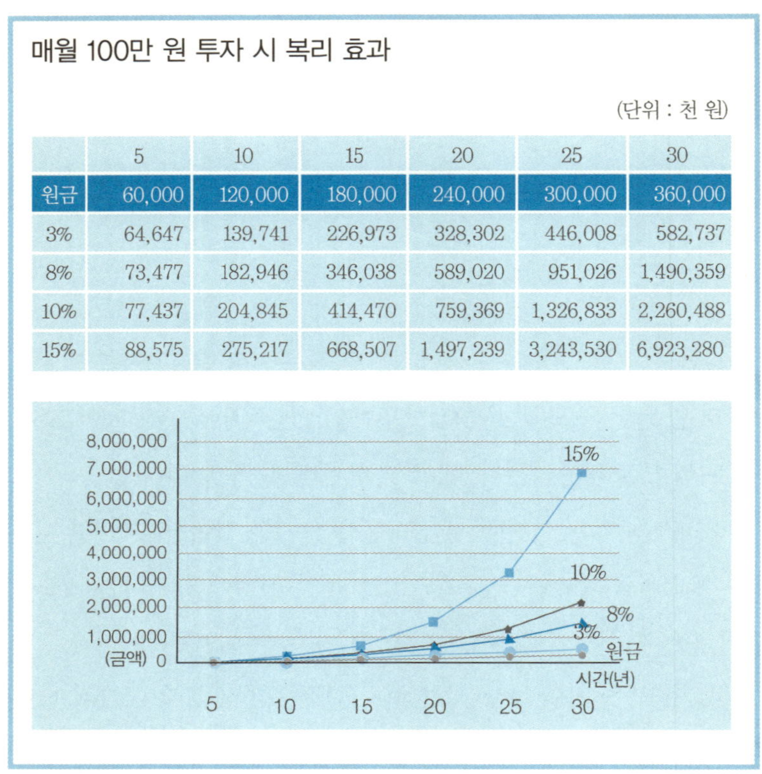

	5	10	15	20	25	30
원금	60,000	120,000	180,000	240,000	300,000	360,000
3%	64,647	139,741	226,973	328,302	446,008	582,737
8%	73,477	182,946	346,038	589,020	951,026	1,490,359
10%	77,437	204,845	414,470	759,369	1,326,833	2,260,488
15%	88,575	275,217	668,507	1,497,239	3,243,530	6,923,280

자금을 단기에만 올인할 수도 없다.

그것은 첫째 위험이 높고, 둘째 쉽게 쓸 가능성이 높으며, 셋째 점점 중요성이 커지는 비과세에서 자유롭지 못하다. 그러나 모든 자금을 단기에만 올인할 수 없는 더 강력한 이유가 있다. 이미 잘 알고 있듯이 복리 때문이다. 장기투자로 인해 기대할 수 있는 장기 복리의 마술을 경험하지 못한다.

시간은 사람보다 위대하다. 시간은 사람의 노력으로 얻을 수 있는 것보다 훨씬 더 큰 금전적 보상을 가져다준다. 결코 사람은 시간만큼 돈을 벌지 못한다. 10년 전에 사두었던 주식과 부동산이 열 배, 스무 배가 되는 것도 모자라 그대로 두기만 하면 계속 오르지만 사람의 몸값은 아무리 오르더라도 죽음의 시간에 이르면 멈추고 만다. 그렇더라도 사람이 위대한 것은 시간이 우리를 대신하여 굴릴 수 있는 종자돈의 크기를 결정해주기 때문이다.

그렇다면 장기와 단기는 어느 정도 비율로 가져가는 것이 좋을까? 구체적인 사정이야 개인마다 모두 다르겠지만 장기에 투자하는 금액은 부담스럽지 않을 정도의 기준이면 족하다. 장기투자는 일정 기간 동안 중단하지 않고 꾸준히 투자해나가는 것이 중요하다. 물론 그럼에도 장기납입이 곤란해지는 경우도 있다. 그때는 단기투자로 불려왔던 일부를 이용하면 된다. 장기투자 못지않게 단기투자가 중요한 것은 경제 환경의 변곡점을 기회로 활용할 수 있는 종자돈이 되기 때문이다.

자산 분산은 투자 기간의 분산에서부터 출발한다. 따라서 이제 우리는 단기상품과 장기상품의 장단점을 이해하고 10년 후 은퇴라는 구체적인 목표에 적용시켜 그 분산비율을 조정해나가야 한다.

펀드, 종류가 많다고 좋은 투자는 아니다

우리나라에서 판매되는 펀드는 그 가짓수만 해도 대략 8천여 개로 세계에서 미국 다음으로 많다고 한다. 그렇다고 그 많은 펀드를 일일이 분석하면서 내가 가입할 펀드를 결정할 필요는 없다.

펀드는 그 자체가 서로 업종이 다른 최소 열다섯 개 이상 기업을 편입하여 운용되기 때문에 위험이 분산되어 있는 간접투자상품이다. 따라서 많은 수의 펀드를 가입하기보다 서로 색깔이 다른 펀드 몇 가지로 포트폴리오를 가져가는 것이 어지럽지도 않고 관리하기에도 좋다.

펀드를 투자지역으로 구분하면 국내 펀드와 해외 펀드로 나뉜다. 또 투자대상으로 구분하면 채권형과 주식형, 그리고 채권과 주식이 적당히 섞인 혼합형이 있고 부동산·선박·자원 등에 투자하는 실물펀드 등이 있다. 주식형 펀드 가운데 또다시 성장형과 가치형, 그리고 그 둘이 적당히 섞인 성장가치주 펀드로 나눌 수 있다. 그 외에 인덱스펀드, 배당주펀드, ELS, ELF 등이 있다.

따라서 먼저 국내와 해외에 대한 투자 비중을 나눈다. 대체로 국내 70%, 해외 30% 정도가 적당하나 정해진 답이 있는 것은 아니다. 다만 해외형의 경우 원칙적으로 투자수익에 세금이 부과된다는 점을 유념하여 자세히 확인해야 한다. 물론 해외 펀드뿐만 아니라 국내 펀드 등 모든 주식 거래 수익에 대해 언젠가는 세금이 부과될 것이다. 따라서 장기적으로 투자할 수 있는 금액이라면 미리부터 비과세되는 장기 펀드, 즉 보험회사의 VUL 등에 투자하는 것이 좋다.

다음은 주식형으로 할 것인가, 채권형으로 할 것인가? 주식형은 아무래도 자산증식을 적극적으로 해야 하는 사람에게 적당하고 채권형의 경우 증식된 자산을 안정적으로 운용할 사람에게 적당하다. 따라서 10년 후 은퇴를 추구하는 사람이라면 당연히 주식형을 선택한다.

주식형 가운데 성장형과 가치형, 그리고 성장 가치형 가운데 어느 것이 좋을까? 투자성향에 따라 다르겠지만 그 세 가지 유형의 펀드를 같은 비율로 가입하는 것이 좋다. 그외 시장지수를 추종하는 인덱스펀드나 배당을 중시하는 기업들을 주로 편입하는 배당주 펀드 등은 약간 여유가 있을 때 곁가지로 운용한다는 생각이면 족하다. 다만 부동산 등에 투자하는 리츠 펀드는 주식 시장이 불안할 때 대안으로 선택하는 성격을 가지므로 적은 자금으로 시작한 후 주식 시장의 변동을 고려하여 확대 정도를 결정하는 것이 좋다.

모든 펀드에는 수수료가 있고 정해진 기간 이내에 환매를 하면 수익금의 상당액을 벌칙금으로 내어놓고 나오는 경우도 있으니 주의해서 확인해야 한다.

들어갈 때보다 나올 때가 중요하다

투자기간의 분산과 관련하여 중요한 것은 투자자금의 용도를 미리 염두에 두고 투자기간을 결정해야 한다는 점이다.

주식은 상승장에서도 수직으로 오르지 않는다. 마치 물뱀처럼 올랐다 내렸다를 반복하면서 추세적으로 상승할 뿐이다. 주식 가격은 한 기업의 가치를 나타내고 그러한 기업들이 모인 한 국가의 종합주가지수는 국가의 성장과 더불어 같이 상승한다. 물론 국가 경제가 침체기에 빠지면 주가지수 역시 침체기에 빠지지만 이론적

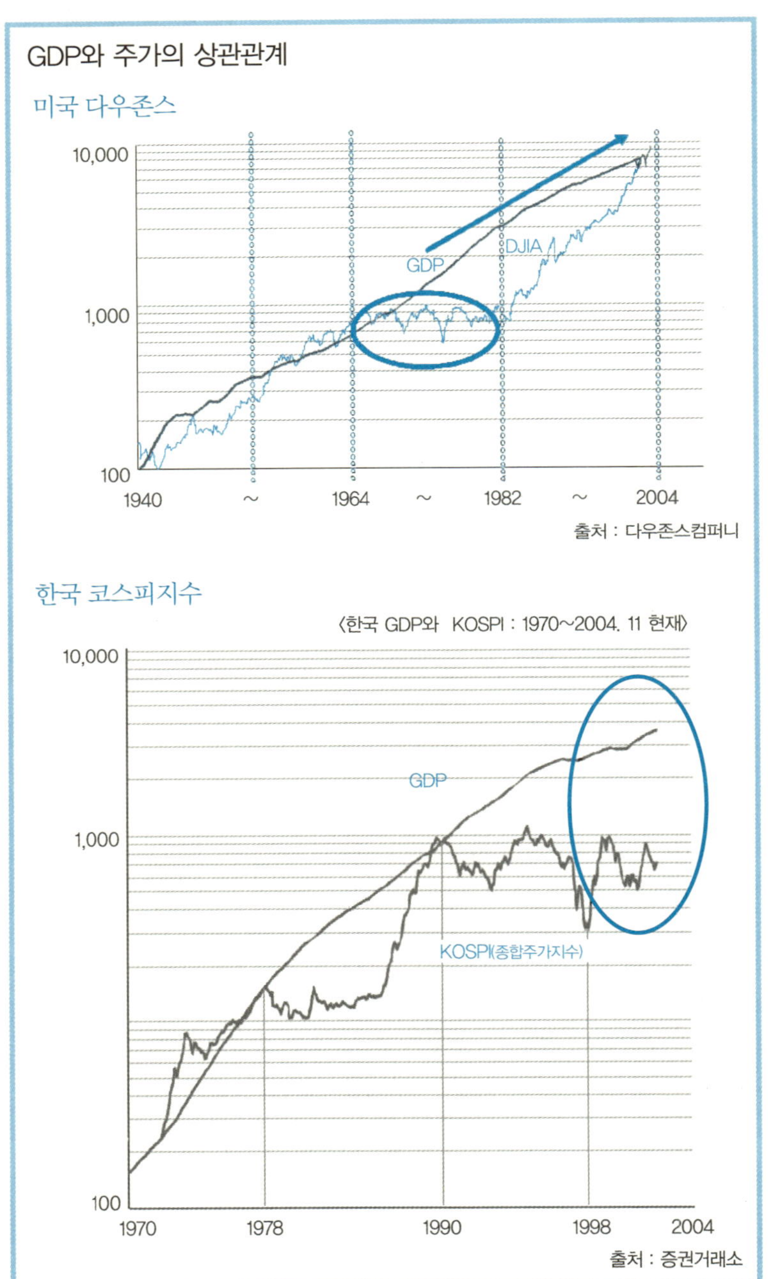

GDP와 주가의 상관관계
미국 다우존스
10,000
1,000
100
1940
~
1964
~
1982
~
2004
GDP
DJIA
출처 : 다우존스컴퍼니
한국 코스피지수
〈한국 GDP와 KOSPI : 1970~2004. 11 현재〉
10,000
1,000
100
1970
1978
1990
1998
2004
GDP
KOSPI(종합주가지수)
출처 : 증권거래소

으로는 국가가 망하지 않는 한, 주식은 전반적으로 상승한다.

그림에서처럼 미국의 GDP와 다우존스지수의 이격은 1980년을 정점으로 가장 극심하였지만 그 이후 GDP선을 따라잡는 모습을 나타내면서 오늘에 이르렀다. 한국의 코스피지수 역시 2004년까지 GDP와 이격을 보이다 그 이후 격차를 줄이면서 종합주가지수 2000포인트를 기록할 수 있었다.

따라서 언제 주식을 사느냐 혹은 언제 펀드에 가입하는 것이 유리할 것인가를 판단하는 것은 중요하지 않다. 공교롭게도 펀드에 가입한 후 곧장 미끄러지기 시작하더라도 기다릴 수만 있다면 그보다 더 비싼 가격에 팔 수 있는 것이 주식이다.

투자자금의 용도를 미리 염두에 두고 투자기간을 결정해야 한다. 1년 뒤 전세보증금을 인상해주기 위해 꼭 써야 하는 돈으로 투자하였다가 그 1년 뒤, 주식이 가라앉아 있다면 낭패를 보기 십상이다. 그런 돈은 당연히 채권형 펀드나 CMA, MMF, 은행 예적금 등에 넣어두는 것이 안전하다.

반대로 10년 이상을 위해 투자하는 돈이라면 일반 펀드에 넣어 10년을 계속 운용하는 것보다 비과세 등 장기펀드로서 특별한 조건을 갖춘 상품에 투입하는 것이 좋다.

투자에서 '한 방'이란 이름의 해결사는 없다

위대한 권투선수 무하마드 알리를 기억하는가? 나비처럼 날아

벌처럼 쏜다는 그는 1974년, 당시 서른두 살이라는 복서로선 환갑에 이른 나이에 스물네 살의 헤비급 세계챔피언이었던 무쇠주먹 조지 포먼을 8회에 KO로 무너뜨렸다. 포먼이 캔버스에 쓰러질 때까지 큰 주먹을 휘둘렀던 반면 그를 눕혀버린 알리는 경기 내내 작은 잽으로만 응수하다가 마지막에 가서야 이미 지쳐버린 포먼에게 신들린 듯 강펀치를 퍼부었다.

알리와 포먼이 너무 먼 과거의 스타이고 요즘 권투가 그다지 인기 있는 스포츠가 아니라면 골프를 예로 들어보자. 세계적인 골프선수 미셸 위의 강점은 여자선수로선 가공할 만한 장타 비거리에 있다. 남자선수들조차 쉽지 않은 비거리 300야드를 기록할 수 있는 유일한 여자선수가 바로 미셸 위다. 그런 이유로 미국 남자골퍼 투어인 PGA의 컷오프를 통과할 수 있었다.

그러나 미셸 위는 LPGA 골프투어에 참가한 이후로 아직 제대로 된 성적을 낸 적이 없다. 요즘은 남자 대회인 PGA에서도 겨우 컷오프 당하지 않으면 다행인 수준으로 전락했다. 펀치가 클수록, 골프채나 야구방망이를 휘두르는 힘이 클수록 정확도는 그에 비례하여 떨어진다. 홈런타자가 삼진을 많이 당하는 이유도 이와 같다.

주식 시장이 과열되면 먼저 신용거래에 제한을 가한다. 호황을 틈타 큰 것 한 방을 노리는 투자자들이 많아지고 이는 필연적으로 패가망신으로 이어지는 예가 그동안 많았기 때문이다.

대부분의 사람들은 정말 열심히 일한다. 그래서 그들은 써야 할 돈보다 더 많은 돈을 번다. 그런데도 신용불량자가 되고 평생에 걸쳐 빚쟁이로 전락하는 경우가 많다. 이유는 하나다. 그때까지 벌어두었던 1억 원에 그 두 배인 2억 원을 빌려 총 3억 원을 투자한다. 그러다 망하면 졸지에 파산하고 만다. 물론 성공할 수도 있다. 3억 원을 투자했더니 6억 원이 되었다. 빌린 2억 원을 제하고도 4억 원이 남았고 종자돈 1억 원을 다시 빼면 3억 원을 더 벌었다. 그런 그가 투자를 멈출 리 없다. 다시 한 번 3억 원에 그 두 배인 6억 원을 빌려 총 9억 원을 투자한다. 그런데 그것이 반 토막이 났다. 총 4억 5천만 원이 되었고 빌린 돈 6억 원을 갚는 데도 모자란다.

큰 것 한 방을 노리는 사람들은 그 한 방으로 인해 성공하기도 하지만 결국엔 더 크게 실패한다. 그들의 경험엔 오직 한 방만 남아 있기 때문이다.

그런 사람들은 인생의 장기계획이 없는 것이 특징이다. 언제나 큰 것 한 방의 기회만 노리고 있고 수익률 10%는 아예 안중에도 없다. 적어도 100에서 200%는 되어야 좀 벌었다고 생각하는 사람들이다. 당연히 장기투자는 생각조차 못한다. 길어야 90일이다. 신용거래 1차 상환일 기준이다. 그러니 늘 불안한 긴장 상태로 살아간다. 그런 그들에게 삶의 행복이란 없다.

반면 재무 설계를 통해 돈이 필요한 시점과 이유 그리고 구체적인 목표금액을 계획하면 그 시점에 맞추어 조금씩 투자해나가면 된다. 매월 50만 원씩 매년 10%라는 보잘 것 없는 수익률로 10년 동안 투자하면 약 1억 원이 넘는 돈이 만들어진다. 그때의 원금은 6천만 원이다. 20년 동안 투자하면 약 3억 8천만 원이고 그때의 원금은 1억 2천만 원에 불과하다. 수익률을 15~20% 정도로 높여보자. 결과는 엄청나다. 여러 우량주식에 10년 이상 분산투자하는 것은 사실상 10% 이상의 연 복리수익을 보장받으면서 무위험 자산에 투자하는 것과 같다.

물론 주식도 아파트 구입자금 대출처럼 자금을 일부 빌려 투자할 수도 있다. 그러나 부동산에 비해 단기 변동성이 민감한 주식의 경우 추세적 상승에 대한 확신이 전제로 깔려 있어야 하고 장기 투자가 가능한 재무 계획을 바탕으로 개별 종목에 대한 투자보다 분산투자를 통해 전체적인 위험을 낮추는 전략이 필요하다.

누구에게나 시간은 무료로 널려 있다. 다만 그런 시간을 내 편으로 만들 것인가 적군으로 만들 것인가만 선택하면 된다. 시간을 내 편으로 만들기로 했다면 그때 해야 할 일은 단지 투자를 계획하고 지출을 통제하는 일뿐이다.

큰 것 한 방에 기대는 한 10년 후 은퇴는 없다.

억지로라도 투자하라

가장 안정적이며 수익률이 높은 투자방법은 무엇일까?

억지로 투자하는 것이다. 전문가들은 늘 장기투자를 하라고 말한다. 뒤집어 말하면 장기투자를 하는 사람이 그리 많지 않다는 뜻이다. 장기투자가 좋다는 것은 굳이 강조하지 않아도 다 아는 사실이고, 10년을 지나 15년, 20년이 지나면 위험률이 거의 없어지면서 복리효과로 인한 수익률 상승 그래프가 가파르게 꺾여 오르는 것을 볼 수 있다.

펀드 가입 6년 차, 누적수익률 565%를 달성한
펀드 가입기간 기준 계좌수 분포도

(A자산운용 주식형 펀드)

가입기간	계좌 수	비율
6년	159개	1.26%
5~6년	233개	1.84%
4~5년	157개	1.24%
3~4년	3,441개	27.2%
3년 미만	8,643개	68.46%
계	12,633개	100%

출처 : 서울경제(2007년 5월 13일)

그런데도 사람들은 왜 장기투자를 잘 하지 못할까? 돈이 소비되는 경우를 생각해보면 쉽다. 중간 중간에 돈을 소비하고픈 유혹이 많기 때문이다.

표에서처럼 A자산운용이 총 1만 2천633개의 주식형 펀드를 6년간 운용한 결과 6년 차 누적수익률이 565%에 이르렀지만 정작 가입기간 6년을 채운 계좌 수는 전체의 1.26%인 159개에 불과했다.

돈은 두 가지 경우에 소비된다.

첫 번째는 내 의사와는 상관없이 지출이 꼭 필요한 경우이다. 그리고 나에게 그 돈이 있다. 사고나 질병으로 인한 치료비를 생각하면 되겠다.

두 번째는 돈을 꼭 지출할 필요는 없는데 내가 지출하고 싶은 마음, 즉 유혹이 생길 때다. 물론 그때도 나에게 돈이 있다. 갑자기 멋진 옷이나 차를 사고 싶은 경우를 생각하면 되겠다. 유혹은 주로 내 수중에 돈이 있을 때 일어난다.

돈이 소비되지 않는 경우 역시 두 가지다.

첫 번째는 내 의사와는 상관없이 지출이 꼭 필요한 경우이다. 그런데 나에게 그 돈이 없다.

두 번째는 돈을 꼭 지출할 필요는 없는데 내가 지출하고 싶은 마음, 즉 유혹이 생길 때다. 그런데 나에게 돈이 없다.

결국 나에게 돈이 없으면 소비할 수가 없다. 사고나 질병 등으로 인해 빌려서까지 지출해야 하는 경우라면 어쩔 수 없겠다. 또한 쇼핑에 필요한 돈까지 빌려서라도 지출해야겠다고 생각하는 사람이 있다면 그는 이미 10년 후 은퇴를 포기한 사람이기에 역시 어쩔 수 없다.

또한 나에게 설령 돈이 있더라도 그 돈을 그때 건드리는 것이 손해가 많은 일이라면 소비할 수가 없다. 마찬가지로 사고나 질병 등으로 인한 치료비라면 모르지만 쇼핑에 필요한 돈까지 지금의 손해를 각오하고 지출해야겠다는 사람에겐 달리 방법이 없다.

결국 장기투자를 하려면 내 수중에 돈이 있더라도 지금 건드리면 손해를 각오해야 하는 장기투자상품에 가입하는 것이 좋다. 대부분 수수료 선취형인 그런 상품들은 가입 초기에 건드리면 손해가 많다. 반대로 10년 이상 장기간 유지하면 수수료 후취상품에 비해 부담해야 하는 전체 수수료도 낮아지고 비과세 혜택까지 덤으로 얻을 수 있어 일거양득이다.

살아가다 보면 사고나 질병 등으로 어쩔 수 없이 지출해야 하는 경우가 있으므로 장기와 더불어 적당한 금액의 단기투자를 병행하는 것이 좋다.

억지로 투자하라. 당신의 억지가 10년 후 은퇴를 보장한다.

사람에게 투자하라

자기 자신에게 투자하는 것 못지않게 투자대비 효용이 높은 것은 사람에게 투자하는 것이다. 그렇다고 다른 사람의 요구를 다 들어주어야 하는 것은 아니며 마당발처럼 이 사람 저 사람과 밤늦게까지 어울리느라 가정조차 팽개치란 뜻은 더더욱 아니다.

사람에게 투자한다고 해서 다른 사람들을 위해 돈을 많이 쓰라는 것 역시 아니다. 내 경험을 통해 보면 사람에게 좋은 인상을 남기는 방법처럼 간단한 것이 없다.

좋은 인상으로 사람에게 투자하는 방법

① 약속을 지키는 것은 생명이다. 반면에 지키지 못할 약속이라면 정중하게 사정을 말하고 양해를 구해놓아야 한다.
② 다른 사람과 어울릴 땐 만나서 정말 반갑다고 인사하고 헤어질 땐 오늘 정말 즐거웠다고 말하라.
③ 상대방의 좋은 점을 찾는 데 먼저 노력하고 너무 지나치지 않는 칭찬으로 그를 기쁘게 하라. 칭찬은 고래도 춤추게 한다지 않는가?

④ 오늘 그와 나의 관계에서 설령 내가 우월한 위치에 있다 하더라도 오히려 그가 더 우월한 위치에 있는 듯 대하라. 상대방이 당신에게 느끼는 감사가 그를 감동케 할 것이다.

⑤ 칭찬을 들으면 자신을 낮추면서 너무 겸손하기보다 그가 당신에게 칭찬한 보람을 느낄 수 있도록 "그렇게 봐주시니 고맙습니다." 하고 분명하게 인사하라.

⑥ 당신이 크게 성공한 후 그를 만나더라도 그가 당황하지 않게 처음같이 대하라. 반대로 당신이 크게 실패한 후 그를 만나더라도 웃음을 잃지 마라. 가난한 자가 짓는 웃음은 햇빛보다 찬란하다.

⑦ "지나온 다리를 불태우지 마라."는 말이 있다. 아무리 나쁜 일로 현재의 직장을 떠나게 되더라도 이를 부득부득 갈며 돌아서지 마라. 그런 일 없이 오히려 좋은 일로 떠나게 되었다면 더더욱 마찬가지다. 언젠가 다시 만나는 것이 인생이다.

10년 후 은퇴를 꿈꾸는 당신, 좋은 인상으로 사람에게 투자하라.

적은 손해를 추구하는 위험관리

상승장에서 더 많이 얻으려는 것보다 하락장에서 더 적은 손해를 추구하는
편이 낫다.

일생을 살아가면서 다양한 모습으로 우리를
위험에 빠트리는 요소들이 있다. 단순하게는 각종 질병이나 사고
등이 먼저 떠오를 수 있겠으나 투자 실패로 인한 위험(극단적으로는
자살충동) 그리고 친구나 가족, 지인들과의 관계위험(신용위험 등) 등
도 이에 포함된다.

높은 수익보다 **적은 손해를 추구**하라

해마다 연말이면 지난 1년 동안을 빛낸 사람들이 여러 언론매체
를 통해 소개되지만 같은 분야에서 매년 계속해서 소개되는 사람
은 극히 드물다. 1년을 빛낼 가능성은 많지만 5년, 10년, 20년 이
상을 계속해서 빛낼 사람은 흔치 않다.

사람들은 1년의 뛰어난 성과에 열광하면서도 그 1년 뒤 그가 사

그때 그 일등 펀드들, 올해 성적은

(A자산운용 주식형 펀드)

연도	수익률 1등 펀드	운용사	당시 수익률(%)	당시 코스피 등락률(%)	올 연초 이후 수익률(%)
1999	바이코리아 미래주식16	현대투신운용 (현 푸르덴셜운용)	131.54	71	2000년 12월 해지(설정 후 해지까지 누적수익률 −44.51)
2000	원원프라임주식F-11	대한투신운용	−17.96	−42.44	2002년 12월 해지(설정 후 해지까지 누적수익률 9.16)
2001	템플턴그로쓰주식1	프랭클린운용	75.13	31.82	−5.02
2002	세이고배당장기주식형	세이에셋운용	36.34	−5.74	−7.51
2003	드래곤승천주식3-24	삼성투신운용	60.8	26.72	−5.1
2004	세이고배당주식형	세이에셋운용	26.76	7.92	−7.84
2005	유리스몰뷰티주식	유리자산운용	123.68	48.18	−0.6
2006	한국삼성그룹적립식 주식 1 Class A	한국투신운용	11.44	−0.02	11.44

자료 : 제로인 (2006년 9월 18일 기준)

라져버린 것에 대해서는 관심을 가지지 않는다. 반면에 비록 크게 뛰어나진 못하더라도 10년, 20년 이상을 꾸준히 잘해나가는 사람에겐 좀처럼 열광하지 않는다.

투자위험 역시 이와 같다. 사람들은 지난 1년간 큰 수익률을 올린 펀드에 주목하고 그 펀드에 자신이 가진 돈을 쏟아 붓는다. 그리고 1년 뒤 그 펀드의 수익률이 곤두박질치는 현상을 초조하게 지켜봐야 하는 경우가 많다.

돈은 시간이 벌어다준다. 단기간의 높은 수익률보다 장기간의 낮은 수익률이 오히려 더 유익하다. 시간의 복리 효과가 더해지기 때문이다.

높은 수익보다 적은 손해를 추구하라. 상승장에서 더 많이 얻으려는 것보다 하락장에서 더 적은 손해를 추구하는 편이 낫다.

보장성 보험은 **적은 비용으로 시작**하라

사람이 살아가는 데 보험, 특히 보장성 보험은 정말 필수적이다. 병원에 가보면 어쩌다 보험 하나 없는 사람이 그렇게 초라해 보일 수가 없다. 그런 사람 역시 보험 하나 없는 자신이 스스로 겸연쩍은지 말꼬리를 흐리는 경우가 태반이다.

생로병사, 사람은 반드시 병들고 죽는다. 적어도 아직까진 그렇다. 설령 죽음에까진 이르지 않더라도 살다 보면 수많은 질병과 크고 작은 사고로 인해 병원은 응급실조차 자리가 없는 경우가 많다. 그 경우 막대한 필요 자금을 그떠까지 모아두었던 재산에서 지출하려는 사람만큼 어리석은 이는 없다. 가진 돈의 많고 적음이 문제가 아니라 삶을 대하는 그의 태도가 문제다. 모든 불행은 다른 사람들만의 몫이라는 인식이 없고서야 보험 하나 들지 않을 수 없다. 물론 보험조차 제대로 가입할 수 없는 재정적 형편 혹은 다른 사정이 있다면 어쩔 수 없다. 그런 사람들에겐 정말 내가 가입한 값싼 보험조차 사치스럽게 느껴질 것이다.

보험은 크게 질병이나 사고를 보장하는 보장성 상품과 연금이나 변액유니버셜과 같은 저축투자성 상품으로 나누어진다. 지금 말하고자 하는 것은 보장성 상품이다.

보장성 보험은 다음과 같은 두 가지 인식을 분명히 가져야 한다.

첫째, 보장성 보험은 내 삶의 비용이다. 즉 의무적으로 가입하는 건강보험이나 자동차보험, 또 전기세·수도세·아파트 관리비처럼 살아가면서 당연히 지출해야 하는 비용이다.

둘째, 보장성 보험은 언젠가 더 업그레이드된 다른 상품으로 교체 및 추가할 수 있다. 예를 들어 10년 전 60세 만기의 암보험에 가입했던 사람이 그 보험으로 암에 대한 앞날의 위험을 충분히 보장받았다고 할 수 없다. 그후 암보험은 80세 만기가 기본이 되었기 때문에 그 사람은 10년 전 가입한 보험 대신 새로운 암보험에 가입하든지 아니면 새로운 암보험을 추가로 가입해야 한다. 갈수록 의학기술이 발전하고 평균수명이 늘어나며 평균소득과 함께 치료비 역시 늘어나기 때문에 보장성 상품 역시 그에 따라 업그레이드되어 나갈 수밖에 없다. 다시 말해 지금 가입해 있는 보장성 상품이 앞으로도 영원히 완벽한 상품은 아니라는 뜻이다.

위 두 가지 원칙을 적용한다면 보장성 상품에 가입할 때 같은 보장 내용을 조건으로 보험료는 가능한 한 최소로 해야 한다. 보장성 보험에 가입하면서 만기 환급금에 대한 미련으로 더 많은 보험료를 추가하는 것만큼 어리석은 경우는 없다. 그것은 50만 원의 자동차보험에 다시 50만 원을 추가하여 총 100만 원으로 가입한 후, 만기가 되는 1년 뒤 50만 원을 환급받는 것과 마찬가지다.

보장성 보험을 싸게 드는 방법

① 주보험보다 특약 위주로 가입한다.

② 만기에 환급되는 금액을 최소로 정한다.

③ 한 살이라도 젊었을 때 가입한다.

④ 보험료 납입기간을 길게 한다.

⑤ 보장기간은 가능한 한 길게 정한다.

빚, 자랑하지 마라

한때 파산 직전까지 내몰렸다는 어느 고객은 통장에 달랑 240만 원만 남아 있었던 때가 있었다고 한다. 당시 자동차 세일즈를 하고 있던 그 고객은 보증을 서준 형제의 사업이 부도가 나면서 갚아야 할 빚도 많았던 터라 240만 원의 수입으로는 그대로 파산할 지경이었다. 그는 정말 열심히 일했지만 대출이자 갚기에도 벅찼다. 그땐 아무리 빚이 많더라도 투자를 병행해나가야 한다는 것도 몰랐기 때문에 그는 매일 매일을 빚 갚는 기계로 살아가고 있었다.

그는 그 240만 원을 어떻게 써야 할까를 놓고 고민했다. 빚을 갚기엔 턱없이 적은 돈이었다.

고민 끝에 180만 원 정도를 회비를 선납하는 데 먼저 사용했다. 그때가 3월이었는데 그가 가입해 있던 몇 개 단체의 1년 치 회비를 선납하는 데 사용한 것이다. 이유는 간단했다. 어떻게든 그는 일을 계속해야 했고 사람은 그가 가진 유일한 재산이었다. 1년 치 회비를 선납했으니 적어도 그 한 해 동안 그가 가입한 모임에 참석하여 위축되지 않고 어울릴 수 있겠다고 생각했다. 그리고 그땐 어떤 이유에서인지 반드시 기회가 올 것이라 생각했다.

효과는 의외로 빨리 왔다. 각 모임의 총무를 맡고 있던 사람들을 통해 그가 회비를 선납해버린 사실이 알려졌고 그는 오히려 일이 잘되고 있는 사람처럼 비치기 시작했다. 그러자 사람들이 그전보다 우호적인 얼굴로 더 많이 다가왔고 당연히 더 좋은 기회를 잡을 수 있었다.

주변에서 보면 만날 때마다 우는 소리를 하는 사람들이 있다. 그들은 늘 같은 말을 한다.

"그것 할 돈 있으면 차라리 먹고 죽겠다."

그렇게 말하는 사람들 역시 한 달이 지나고 1년이 지나도 매번 똑같은 말만 되풀이한다. 그야말로 거지 같은 인생을 자초하고 사는 꼴이다.

"잘 입은 거지가 동냥질도 잘한다."는 속담이 있다. 사람들은 긍정적이고 인상이 좋은 사람과 어울리기 좋아한다. 그런 사람들과 교제함으로써 뭔가 얻을 것이 있다고 생각한다. 적어도 손해 볼 일이 없겠다 생각한다.

반대로 늘 우는 얼굴로 다니는 사람들을 경계한다. 자칫하면 뭔가 부담스런 일이 생길 수 있겠다고 생각한다. 그래서 그들을 멀리한다.

사람들에게서 멀리 떨어져 있으면 있을수록 부자가 될 확률은 점점 적어진다. 그렇다고 쓸데없이 허세를 부리고 허풍선이가 되란 말이 아니다. 어떤 상황에서도 꿋꿋할 수 있는 최소한의 방법을 강구할 때 원치 않게 다가오는 위기라는 불청객을 물리칠 수 있다.

친구와 돈 거래 원칙을 세워라

오래전의 일이다. 밤이 늦어 막 잠자리에 들었는데 친구로부터 전화가 걸려왔다. 지금과 마찬가지로 그때도 꽤 친한 친구였는데 그는 사업을 하고 있었다. 내용인즉슨 이번에 좋은 기회가 있어 크게 마음먹고 사업을 확장하려는데 예상했던 것보다 돈이 모자란다는 것이다. 그래서 망설이고 망설이다 내게 전화를 한 거라고 말했다.

그때 나는 몇 달 전에 분양받은 아파트 중도금을 가지고 있었는데 굳이 여윳돈이라면 달랑 그것뿐이었다. 내가 그렇게 말하면서 중도금 기한 전에 돌려줄 수 있다면 그 돈이라도 쓰라고 말했더니 친구는 매우 기뻐했다. 몇 달 뒤, 친구는 그 돈을 갚았다.

그리고 상당한 시간이 지난 어느 날 우연한 술자리에서 그 친구는 그때의 기억을 떠올리며 새삼 깊이 고마워했다. 대학을 나와 직장생활부터 시작했던 나와 달리 고등학교를 졸업하자마자 시장에서 장사부터 시작했던 그 친구는 돈에 관한 한 일찍부터 마음의 상처를 받은 터라 특히 친구들과는 돈거래를 하지 말아야 한다고 생각해왔는데 내가 흔쾌히 중도금을 빌려준다고 하니 너무 고마웠다는 것이다. 그리고 사업 확장 초기 단계였던 그때는 자칫하면 그 돈을 갚지 못할 위험도 있었음을 그제서야 고백했다. 만약 그랬다면 자기는 나를 다시 만날 수 없었을 것이라고도 했다.

또 다른 한 친구가 있다. 그 친구 역시 사업을 하고 있었는데, 신혼 초엔가 전화를 해와 자기가 금융기관으로부터 돈을 조금 빌리려는데 내게 공증을 좀 서달라는 것이었다. 역시 친한 친구인 데다 금액도 그다지 크지 않고 해서 그렇게 했지만 이후 친구는 종적을 감추었고 그가 빌린 돈은 고스란히 내 몫으로 남았다. 지금은 다른 도시에서 살고 있는 그 친구와 꽤 오랜 시간이 지나 우연찮은 자리에서 만날 기회가 있었지만 서먹함이 짙게 풍겨왔다. 나는 이미 잊어버린 일이지만 그 친구에겐 정말 면목 없었던 일이었을 테고 나처럼 피해 입은 친구들이 한둘이 아니어서 그 도시를 떠나야 했던 것이다.

가장 어려울 때 도움의 손길을 요청할 수 있는 사람들을 떠올려 보면 형제와 친구들이 먼저 생각나는 것은 당연하다. 그러나 쓰든 달든 때론 어쩔 수 없이 얼굴을 봐야 하는 형제들, 그래서 언젠가 서로의 상처를 고백하고 화해할 수 있는 그들과 달리 친구나 지인들 간의 돈거래는 자칫 그것 때문에 서로 등 돌리는 일로 이어지기 쉽다. 그렇다고 마냥 거절하기도 곤란한 것이 현실이다.

친구나 지인들로부터 자금융통을 부탁받았을 땐 그 자금이 사업자금인가 단순 필요자금인가에 따라 다음의 두 가지 원칙을 반드시 기억하자.

첫째, 사업자금 융통이라면 그 친구의 사업에 함께 투자한다는 전제하에 철저히 사업적 관점에 따라 판단할 것을 제안해야 한다.

둘째, 단순자금 융통이라면 설령 그 친구가 갚지 못한다 하더라도 자신에게 재정적 위험이 없고 친구를 탓하지 않을 정도의 범위 내에서만 빌려주는 것이 좋다.

사업자금의 경우에도 부탁받은 금액이 부담스럽지 않을 정도의 금액이라면 단순자금 융통 기준으로 판단한다. 반대로 단순자금인 경우에도 그 규모가 부담스러울 정도로 크다면 사업자금 기준으로 판단한다.

극단적으로 친구나 형제에게 빌려주는 돈은 되돌려 받지 못한다는 생각을 가지는 것이 마음 편하다.

신용은 버릇이다

자본주의 사회에서 신용은 생명이다. 특히 신용이 낮으면 금융거래가 제한되거나, 설사 가능하더라도 조건이 불리할 수밖에 없다. 흔히들 돈이 많거나 소득이 높으면 1등급에서 10등급으로 구분된 신용등급에서 유리하다고 생각한다. 그러나 원칙적으로 소득과 신용은 별개다. 주변을 돌아보면 재산이 많으면서도 다른 사람에게 빌린 돈을 갚지 않는 사람이 있다. 나쁜 버릇이다. 금융기관 역시 그런 사람들을 꺼린다.

신용등급은 기본적으로 해당 금융기관에서 자체적으로 판단한다. 따라서 크레딧뱅크나 마이크레딧, 그리고 올크레딧 등 개인신용정보제공기관들로부터 제공받은 신용정보를 믿고 금융거래를 예상하는 것은 금물이다.

현재 개인신용정보제공업체들을 이용하는 곳은 은행이나 카드사 등을 포함한 일반의 금융회사들과 이동통신사, 초고속인터넷, 렌터카업체 등 비금융회사들을 포함하여 5천여 곳에 이른다. 그야말로 개인의 신용을 조금이라도 참고해야 하는 회사들이 총 망라되어 있고 그들이 조회하는 해당 개인의 신용상태검색이력은 향후 3년간 신용정보제공업체에 기록된다.

그러다보니 자신도 모르게 신용등급이 하락하는 경우도 발생한다. 개인신용을 평가할 객관적인 다른 자료들이 부족한 상태에서 신용조회가 많으면 많을수록 신용등급을 불리하게 적용하기 때문이다. 물론 많은 광고에 노출된 결과 고율의 대출전문금융기관에 장난삼아 신용조회를 하는 것도 신용등급을 떨어뜨리는 요인이 된다. 신용은 장난이 아니다.

그러나 다행스러운 것은 금융기관들이 금융거래여부 및 조건을 결정할 때 그들 신용정보제공업체들이 정한 기준을 적용하지 않는다는 점이다. 금융기관들은 그들 신용정보제공업체들로부터 제공받은 신용정보를 참고는 하되 최종적으로는 일반인이 조회할 수 없는 소비자등급CFS을 기준으로 대출가능여부 및 조건 등을 자체적으로 결정한다.

소비자등급에 반영되는 자료들은 일정기간 꾸준히 거래한 카드 이용실적이나 대출상환실적 및 세금체납여부, 연체여부 등이다. 따라서 적당한 수의 금융기관과 꾸준히 거래하는 것이 좋다. 물론 연체는 금물이다. 아무리 적은 금액이더라도 연체횟수가 많으면 신용등급이 하락한다. 연체대금을 갚는다고 즉시 회복되지도 않는다. 따라서 비록 소득이 적더라도 카드결제나 기일 내 대출상환 등의 양호한 실적이 쌓이면 소득이 많으면서도 자주 연체를 하는 사람에 비해 높은 신용등급을 받을 수 있다.

신용은 버릇이다.

신용관리는 꼭 금융거래에서만 적용되는 것은 아니다. 휴대폰번호를 예로 들어보자. 옛말에 무소식이 희소식이라 했다. 그러나 요즘 세상에서 무소식은 '잠수' 타는 사람의 대체적인 특징이다. 어디에 있든지 간에 전화나 이메일 한 통이면 소식을 주고받을 수 있는 시대에 장시간 연락두절인 사람들을 곱게 생각할 사람은 없다.

나는 처음 만나는 사람들에게 내 휴대폰 번호를 알려주면서 가끔씩 덧붙이는 말이 있다.

"카폰 시절부터 한번도 바꾸지 않은 전화번홉니다."

신규가입을 통한 공짜 휴대폰을 받기 위해 심심하면 전화번호를 바꾸는 사람도 있는데, 그깟 전화번호가 뭐 그리 대단할까?

살다보면 자의든 타의든 세상으로부터 나 자신을 단절하고픈 유혹에 시달리는 경우가 있다. 그럴 때 가장 좋은 방법이 전화번호 변경이다. 지난 10여 년간 순탄치 않았던 사회적 경제적 변동을 거쳐온 세대들은 가까운 지인이 전화번호를 변경해도 "뭔 일 있는 거 아냐?" 하고 의심하는 경우가 많다. 앞으로도 마찬가지다. 갈수록 변동성이 증가하는 시대에서 변함없는 나의 모습을 주변 사람들에게 각인시켜 나가는 것은 큰 투자 없이 얻을 수 있는 효과적인 방법이다.

함께 성장하는 가족관리
가족 전체의 고른 성장은 10년 후 은퇴를 지원하는 절대 요소가 된다.

존 맥스웰의 표현을 빌리자면, '가족은 최초의 팀'이기에 팀원으로서 개인은 가족에 대한 고유의 역할이 있다. 팀으로서 가족의 목적은 팀원인 가족 구성원 전체의 성장이다.

당신이 10년 후 은퇴를 꿈꾸며 온갖 재무적인 요소에 모든 노력을 집중하여 마침내 성공한다 하더라도 가족 가운데 어느 한 명이 잘못된 성장을 하고 있다면 당신의 노력을 하루아침에 물거품으로 만들어버릴 수 있다. 따라서 가족 전체의 고른 성장은 10년 후 당신의 은퇴를 지원하는 절대 요소가 된다.

성공하는 사람들은 일과 가족, 직장과 가족을 구분할 줄 안다. 지금 당장 당신이 목표로 하는 과정에서 가족이 소외되어 있다면 설령 재무적인 성장이 더디더라도 잠시 멈추어 가족과 함께 성장하라. 어쩌면 가족이 당신이 꿈꾸는 10년 후 은퇴의 꿈을 도와줄 수도 있고 반대로 그 꿈을 망가뜨릴 수도 있다. 사회의 가장 기본적인 조직인 가족은 성공하고자 하는 우리의 욕망에서 가장 기초

적이면서도 결과적인 가치를 지니고 있다.

자녀는 가족의 화톳불이다

앞의 인구 분포 그림을 기억해보자. 세계 최고의 저출산으로 인해 한국은 급격히 노령화되고 있고 2050년경 전체 인구 가운데 무려 38.2%, 즉 인구 열 명 가운데 네 명 정도가 65세 이상이 될 것이라고 통계청이 경고하고 나섰다.

당연히 정부의 노인복지 관련 비용은 막대하게 증가할 것이다. 전체 인구의 40% 가까이가 65세 이상이라면 투표권이 있는 18세 이상 인구 가운데 65세 이상자가 절반이 넘는다. 결국 정부와 국회는 노인들이 요구하는 정책을 적극 수용하는 정치인들로 채워질 수밖에 없다.

그러나 사정이 그렇더라도 세금 증가 없이 복지비용을 지출할 순 없다. 그 세금을 누가 낼 것인가? 결국 25세 이상 60세 이하의 경제활동인구들이 감당할 몫인데, 지금 추세대로라면 어림도 없다. 아예 그들의 월급봉투를 통째로 갖다 맡겨야 할 형편이며 그것도 모자라 60세 이상 노인들이 받는 연금이나 소유재산에 지금보다 더 많은 세금을 부과할 수밖에 없다. 자녀를 가져야 하는 국가 차원의 이유가 바로 이것이다.

사회적으로도 마찬가지다. 누가 땀을 흘려야 하는 일을 할 것인가? 누가 집을 짓고 누가 도둑을 쫓을 것이며 누가 환자들이 넘쳐

나는 병원을 지킬 것인가?

가정적으로는 더욱 심각하다. 어느 날부터, 구체적으로는 IMF를 겪으면서 우리의 행복이 오로지 물질적인 잣대로만 결정되는 것처럼 우리 모두가 '돈'의 권위 앞에서 초라해졌다. 그러나 단지 영감과 할멈만 지키는 가정에 웃음이 꽃필 수는 없다. 더욱이 그때까지 독신이라면 더욱 그렇다. 가정이든 직장이든 간에 새로운 피의 수혈은 건강한 공동체의 가장 기본이다. 더 이상 출산이 없는 사회는 죽지 못해 살아가는 사회가 될 뿐이다.

물론 저출산을 극복하는 것은 개인의 노력으로만 해결되진 않는다. 정부와 기업 역시 이에 대한 심각성을 깨닫고 있다. 따라서 출산으로 인한 개인의 경제적 비용을 최소화하는 방향으로 재정적인 지원을 더욱 높여갈 수밖에 없다. 저출산으로 인한 부메랑은 결국 우리 경제를 마비시킬 것이며 그 속에서는 어느 누구도 승자일 수 없다.

정부 역시 갈수록 육아비용과 학자금 융자의 문을 넓히고 있다. 정부로서는 당연한 선택이다. 자녀는 그만큼이 곧 저축이며 투자다. 정부가 돕고 기업이 돕는다. 우리에게 필요한 것은 자녀양육에 대한 지혜일 뿐이다. 그 결과 아이들이 우리를 위해 웃음이 되어주고 세금을 내어준다.

그렇지 않다면 지금의 우리가 평생을 일해야 하고 평생 동안 더 많은 세금의 공포에 시달려야 한다. 급기야 죽는 것도 세금을 내고 죽어야 할지도 모를 일이다.

부모형제 사이의 갈등을 통제하라

힘든 경제여건으로 인해 세대간, 혹은 형제간 갈등이 점차 늘어나고 있다. 심지어 어떤 사람은 '무자식이 상팔자' 라느니, '친구보다 못한 형제' 라느니 하는 말을 서슴지 않고 하기도 한다. 그만큼 우리 관계가 혈연과 같은 운명적인 틀보다 이득 중심의 사회적인 틀을 더 중요하게 여긴다는 이야기다.

그러나 극단적으로 혈연은 우리 삶에서 최종 수비수 역할을 한다. 그것이 꼭 금전적인 거래의 결과로 나타나지 않더라도 다른 사람들이 하지 못할 일을 부모나 형제들이 한다. 어떤 사람은 동생이 불의의 사고로 사망하기 전까지 그가 원했던 사업자금 전부를 도와주진 못했지만 동생이 남긴 가족을 형편껏 경제적으로 지원한다. 그런 일은 핏줄이 아니면 할 수가 없다.

내가 아는 한 지인은 형제들과 재산상의 갈등이 있어 서로 왕래조차 하지 않았지만 그가 큰 병에 걸렸을 때 형제들이 다시 그를 찾았다. 또 자식 부부가 남긴 손자들을 평생 돌보는 조부모들이 부지기수에 달하고 명절이면 부모를 찾는 행렬이 도로를 가득 메우는 것 또한 우리의 모습이다.

부모형제가 서로 반목하게 되는 원인은 대부분 경제적인 문제에서 비롯하고 있다. 그러나 부모형제와의 관계는 경제적인 이유 그 이전부터 존재해왔고 그 너머에까지 존재하는 유일한 관계이다. 따라서 섣불리 경제적인 이유로 판단하고 선을 긋는 것만큼 어리석은 것은 없다.

아무리 형편이 어렵더라도 형제에게 빌려준 돈은 되돌려 받지 않아도 된다는 마음으로 건네야 한다. 즉 그 범위에서 거래하는 것이 좋다. 도움을 요청하는 측에서도 마찬가지다. 형제가 나의 요청을 거절할 땐, 되돌려 받지 않아도 되는 범위를 넘어섰기 때문이라고 이해하는 마음이 앞서야 한다.

물론 도움을 요청하는 측에선 그 돈을 갚지 못하리라고 생각하진 않는다. 그렇다면 그에 대한 객관적인 자금상환 계획을 더 치밀하게 준비하여 부탁하는 것이 좋다. 그저 혈육이니까 손쉽게 돈을 융통하고 이해할 수 있으리라는 생각은 버려야 한다. 그렇지 못하다 보니 형제간 동업관계가 썩 좋지 않은 결과를 낳는다.

돈 거래로 인한 마음의 상처는 혈육에서 더욱 심하다. 상대방이 나보다 더 아플 수 있다. 혈육은 경제적인 이유 그 너머에까지 존재하기 때문이다.

가족, 따로 또 함께

어느 휴일 날 아침 늦잠을 자고 일어나 보면 집 안이 텅 빈 듯한 고적함에 압도당하는 경우가 있다. 그럴 때 나는 문득 이런 생각을 한다.

'아이들조차 각각의 인생행로를 따라 어디론가 가버렸구나….'

우스갯소리 같지만 아침이 되면 아이들은 모두 각자의 인생행로를 따라 움직인다.

가족은 함께하지만 또 따로 한다. 굳이 구분해보자면 따로 해야 할 것은 자신의 인생행로, 즉 자신의 일이다. 반면 함께해야 할 것은 좌절의 위로, 방황의 길잡이, 성취의 격려와 축하 같은 것들이다.

가족 간의 대화가 필요한 이유는 대화 이외엔 사실상 서로 함께할 수 있는 것이 없기 때문이기도 하다. 어떤 사람들은 가족과 대화할 시간이 없다고 하소연한다. 그 말이 진실이라면 먼저 자신의 일을 줄이고 다른 가족에게도 그의 일을 조금만 줄이라고 조언해야 한다.

또 어떤 사람들은 가족과 대화가 되지 않는다고 이야기한다. 그런 사람들의 대부분은 자신의 주장만 다른 가족에게 되풀이하기 때문이다. 아버지는 언제나 공부를 열심히 하라 하고, 자녀는 언제나 이것저것을 사달라고만 한다. 가장 잘 알아야 하는 관계이면서도 서로 잘 모른 채 방치되는 것 또한 가족이다.

가족이 주로 경제적인 관계로만 유지되어나갈 때 가장 유치해진다. 그런 가족은 반드시 경제적인 이유로 힘들어지고 설령 10년 후 은퇴의 꿈을 이루었더라도 이후 실패할 수 있는 결정적인 요인이 된다. 이런 가정의 특징은 씀씀이가 헤프고 자녀들에 대한 용돈이나 투자에 후하며(사랑을 돈으로 표현하는 경우가 많다), 함께하는 대화가 상대적으로 적다. 또 설령 대화가 있더라도 서로가 필요한 돈에 대한 것들이 많다.

지금 당신의 가족은 어떤 관계인가?

가훈을 정하고 **유서를** 쓰라

간혹 사람들에게 '가훈家訓'이 뭐냐는 질문을 하면 나를 빤히 쳐다본다. 뭔 답답한 소리냐는 표정이다. 그런데 질문을 하는 나도 답답하긴 마찬가지다. '아니, 가훈도 없어?' 혹은 '가훈도 몰라?' 하는 생각이 들면서 난감해진다.

사람마다 성격이 다르듯, 서로 다른 성격이 모여 만들어진 가정 역시 모두 다르다. 가훈은 일종의 헌법 역할을 하기도 하고 공동의 지향점이 되기도 한다. 가족이 혈연적 유기체라면 가정은 사회적 유기체다. 따라서 단지 가족으로만 존재하길 원한다면 가훈은 별 필요 없다. 그러나 가족 구성원들의 사회적인 성장을 돕는 관계까지 생각한다면 당연히 가훈은 필수이다. 그때 가훈은 사회를 바라보는, 사회에 다가가는 스펙트럼의 역할을 한다.

그런데 모든 가훈은 한결같이 긍정적이고 따뜻하며 도전적이고 용기를 북돋우는 내용들이 많다. 그래서 가훈이 있는 가정에서 그 가훈을 유념하면서 성장한 자녀들의 경우 세상을 바라보는 태도와 다른 사람과의 관계 형성에 있어 그렇지 못한 가정의 자녀들에 비해 월등한 차이를 보인다.

유서를 작성하여 이를 해마다 갱신해보는 것도 마찬가지다. 죽음을 생각하며 작성하는 유서는 그 순간 사람을 겸손하게 만들면서 지난 시간을 반추하며 정리하게 만든다. 동시에 그 순간 많은 감사를 떠올리게 하고 새로운 자신감을 불러일으킨다. 당연히 삶에 대한 책임 있는 자세를 만들어준다.

가훈은 한번 정하는 것이지만 유서는 매년 작성하는 것이다. 가훈이 그 가정의 헌법이라면 유서는 변화하는 시대를 반영하는 일종의 법률이다. 그 둘의 조화로 인해 가정은 늘 새롭게 변화해 갈 수 있다.

배우자와 함께 서로의 **역할을 분담**하라

요즘은 많이 나아졌지만 아직도 전업주부의 역할을 제대로 인정하지 않는 사람들이 많다. 사실 전업주부가 위대한 것은 크게 표나지 않는 일을 거의 매일 똑같이 반복한다는 데 있다. 그리고 그 일은 가정을 구성하는 누군가가 반드시 해야 하는 일이다.

주택비용, 교육비용뿐만 아니라 과도한 은퇴비용까지 추가되면서 가능하면 맞벌이를 선호하는 추세다. 하지만 그들 속에서도 가사노동은 언제나 존재한다. 나는 맞벌이 대신 외벌이가, 일하는 아내 대신 전업주부가 좋다고 말하려는 것이 아니다. 내가 가진 비전을 배우자와 공유함으로써 비로소 가족의 비전으로 만들 수 있다는 말을 하려는 것이다.

공유를 통해 서로가 해야 할 역할이 구분된다. 예를 들어 맞벌이든 외벌이든 간에 살림에 대한 결정권을 아내에게 맡겼다고 하면서도 사사건건 구체적인 행위까지 개입하고 통제하는 남편이 있다면 그 각각의 역할로 인한 상산력은 저하될 수밖에 없다. 그때 남편은 그가 해야 할 역할에 더 충실하는 것이 기회비용의 측면에

서 효용성이 높다. 서로가 자신의 역할에 충실치 못할 때 배우자의
역할에 너무 지나치게 개입하는 경우가 많다.

은퇴 준비는 배우자와 함께하는 것이다. 돈만 있다고 은퇴 준비
가 끝나는 것이 아니며 특히 10년 후 은퇴, 그 이후를 위해서도 배
우자의 역할은 필수적이다. 따라서 적당한 시기를 구분해가면서
서로의 역할을 계획할 것을 권한다. 지금 당장은 전업주부의 역할
에 충실하고 있지만 언제부턴가는 남편과 좀 더 밀착된 삶을 위해
필요한 자격증을 취득한다거나 아르바이트를 통해 경험을 쌓는 것
도 좋은 방법이다.

재무 설계를 완성하라

재무 설계의 목표
필요할 때 필요한 만큼 있게 하라

네 가지 핵심 관리와 연관되는 재무 설계

이제는 재무 설계의 시대다. 은행, 증권, 보험, 심지어 부동산과 세무사 할 것 없이 심심하면 재무 설계란 말을 쓴다. 과연 재무 설계가 무엇일까?

'설계' 란 단어가 들어가 있으니 선뜻 짐작은 간다. 뭘 한번 지어보자는 것이고 그것을 위해 조감도가 필요하단 소리다. 그리고 '재무' 란 단어가 함께 들어가 있으니 결국 돈을 설계해본다는 뜻이다. 물론 돈이 필요한 시기와 금액은 사람에 따라 다르다. 그러나 기본적으로는 사람이 살아가는 동안은 늘 돈이 필요하다. 많은 사람들이 재무 설계에 대해 다양한 표현들로 설명하고 있지만 그 가운데 나는 '사람이 살아가는 동안 돈이 필요할 때 필요한 만큼 있도록 하는 것' 이라는 표현을 가장 많이 이용한다. 쉽고도 명쾌하다.

또한 재무 설계는 돈이 필요한 구체적인 이유에 따라 인생 재무 설계, 은퇴 재무 설계, 주택구입 재무 설계, 교육 재무 설계 등의 종합 혹은 부분적인 재무 설계로 구분할 수도 있다.

다만 우리가 막연히 재무 설계라 하면 인생 전체의 재무 설계를 뜻한다. 인생 재무 설계는 많은 부분적인 재무 설계를 아우른다. 또한 결혼, 주택구입, 교육, 은퇴 등 부분적인 재무 설계를 다루더라도 다른 재무 목표와 밀접한 관련성을 갖지 않을 수 없다.

예를 들어 이제 막 학교를 졸업하고 사회생활을 시작한 20대가 은퇴 재무 설계를 하게 되면 당연히 결혼, 주택구입, 교육설계가 연관된다. 또 50대와 60대가 은퇴 재무 설계를 하면 결혼과 교육 설계는 고려할 필요가 없을 수도 있다. 결국 재무 설계라고 하면 그것은 당연히 인생 재무 설계로 이해하면 된다.

10년 후 은퇴를 위한 다섯 가지 핵심 관리 영역에서 재무 설계가 적용되는 영역은 직접적으로는 투자관리에 해당한다. 그러나 소득을 높이는 자기관리와 효율적인 지출을 통해 가처분소득을 높이는 지출관리뿐만 아니라 위험관리와 가족관리가 직·간접적으로 연관된다.

그러면 이제 재무 설계를 해보자.

욕심이 아니라 꿈을 갖고 설계하라

10년 후 은퇴를 위한 재무 설계는 단순히 욕심만 가지고 접근할 것도 아니고 현재의 형편을 믿고 느긋해할 것도 아니다. 원하는 목표를 정하되 현재의 여러 가지 형편을 잘 진단하여 평가하면서 관련되는 몇 가지 재무 목표와 그 목표를 달성하는 데 필요한 자기관리, 지출관리, 투자관리, 위험관리, 가족관리 등을 결합시켜 나가야 한다. 그렇게 구체적인 설계를 통해 접근하기 시작할 때 10년 후 은퇴라는 목표가 의외로 쉽게 손에 잡힌다.

사실 단순히 결혼을 하고 자녀를 낳아 가정생활을 영위하려는 급여생활자 대부분에게 조기은퇴는 너무 먼 나라 사람들의 이야기 같아 보인다. 그러나 과거든 현재든 또 우리가 걸어가야 할 미래조차 단순히 이론적인 계산으로 결정되는 것은 아니다.

미래는 아무도 예측하지 못한다. 그야말로 불확실성 100%가 우리의 미래다. 그러나 그런 불확실성이 현실화되는 시점이 위기이자 동시에 기회이다.

가장 비근한 예로 과거 10년을 되돌아볼 때, 1997년의 IMF와 1999~2000년의 코스닥 폭등과 폭락사태, 2002~2004년과 2005~2006년의 아파트값 폭등과 2007년의 주식 시장 폭등이 바로 그것이었다. 우리는 다만 그러한 변곡점이 내 앞에 닥쳤을 때 그것을 위기가 아닌 기회로 전환할 수 있도록 준비를 갖추고 있으면 된다. 그러기 위해서는 세 가지 원칙을 염두에 두어야 한다.

변곡점을 기회로 만들기 위한 준비

첫째, 계획한다.

10년 이후까지 필요한 돈의 규모와 사용 시기를 정하고 그에 따른 다섯 가지 핵심 관리 계획을 세우는 것이다.

둘째, 실천한다.

수립된 계획을 실천하는 것이다. 실천하지 않는 계획은 단지 공상에 불과하다.

셋째, 관리한다.

실천한 결과를 수시로 점검하고 일정 기간을 정해 관리하는 것이다.

원하는 삶의 수준으로 계획하라

현금 흐름표와 재무 상태표 들여다보기

10년 후 은퇴에 필요한 돈은 얼마나 될까? 물론 그것은 오직 당신이 원하는 삶의 수준에 달려 있을 것이다.

그렇다고 모든 돈을 10년 후 은퇴 시점에서 한꺼번에 쥐고 있어야 할 필요는 없다. 만약 그런 생각이라면 그것만큼 어리석은 일은 없다. 왜냐하면 더 투자하고 있어야 할 시간을 정지시켜 주머니 속에 가두어두는 것과 같기 때문이다.

다만 생활비처럼 평생 동안 일정하게 사용해야 하는 돈과 특정 시기에 사용하는 돈, 그리고 의료비처럼 예상치 못하게 들어가는 돈의 세 가지 종류가 있다는 것은 기억해두는 것이 좋다. 그리고 그 시점을 어느 정도 예상해둔다. 물론 의료비처럼 예상할 수 없는 시점에 예상할 수 없는 금액이라면 보장성 보험 가입과 같이 적절한 수단을 강구하면 될 것이다.

계획과 동시에 이루어져야 하는 것이 현 상태에 대한 평가다. 가슴에 청진기와 온도계를 대어보자. 지금 살고 있는 '오늘'은 여태껏 살아왔던 '어제'와 앞으로 살아가야 할 '내일'이 잇닿아 있다. 따라서 오늘을 보면 지금껏 살아왔던 어제와 앞으로 살아가야 할 내일을 알 수 있다.

청진기는 한 달 단위의 수입과 지출 흐름표, 즉 현금 흐름표를 뜻한다. 말 그대로 돈이 들락거리면서 맥박이 가쁘게 뛰는 것을 들을 수 있다.

온도계는 오늘 이 시점에서 자산과 부채 상태를 표시하는 재무 상태표의 온도를 재어보는 것이다. 텅 빈 썰렁함을 견디다 못해 영하의 얼음인가, 아니면 충만한 따뜻함을 넘어 땀나는 여름인가?

기본에 충실하라

이론적으로는 10년 후 은퇴를 위한 재무 계획은 다음의 여섯 단계로 진행될 것이다.

첫째, 은퇴를 위해 필요한 금액을 정한다.

둘째, 현재의 직업을 통해 앞으로 10년 동안 투자에 투입할 수 있는 월 투자금액을 정한다.

셋째, 투자에 투입할 수 있는 금액으로 10년 후 은퇴에 필요한 비용을 만들기 위해 앞으로 10년 동안 얼마만큼의 연평균 수익률을 얻어야 하는지를 판단한다.

넷째, 그만큼의 연평균 수익률이 가능한 투자 포트폴리오를 정한다.

다섯째, 정해진 투자 포트폴리오를 실행한다.

여섯째, 실행된 투자 포트폴리오를 필요에 따라 수시 점검하고 매년 정기적으로 관리한다.

그런데 위의 여섯 단계를 진행하다 보면 재벌 2세나 지금 이미 상당한 재산을 소유한 사람을 제외한 대부분의 사람들이 도중에 뒤로 나자빠질 수밖에 없다. 10년 동안 열심히 벌어 투자할 수 있는 돈으로 10년 후 은퇴에 필요한 돈을 만든다는 것이 현실적으로는 도저히 불가능하기 때문이다.

가령 10년 뒤 30억 원이 필요한 사람의 현재 소득이 월 300만 원이고 지출을 제외한 가처분소득이 월 200만 원에 불과하다면 10년 후 30억 원을 만들기 위해서는 연평균 40%의 수익률을 얻어야 한다. 그런데 그것은 경험적으로 거의 불가능하다. 반대로 과거 10년간 경험 수익률인 연평균 10%를 기준할 때 10년 후 30억 원을 얻기 위해서는 매월 1천500만 원이 투입되어야 하기 때문에 역시 불가능하다.

물론 낙담할 필요는 없다. 앞서 말했듯이 10년 후 은퇴는 돈이 결정하는 것이 아니고 재산을 불려나가는 것 역시 계산만 가지고 되는 것이 아니다. 그렇다면 평범한 샐러리맨이 강남에서 어떻게 아파트를 보유하고 있겠는가? 또한 매년 40%의 수익률에 집착하여 거의 투기 수준의 투자관리를 하라는 것도 아니다. 말했듯이 그것은 거의 불가능하다.

따라서 10년 후 은퇴를 생각할수록 다섯 가지 핵심 관리에 먼저 충실해야 한다. 기본에 충실해야 한다는 얘기다.

예를 들어 투자관리에서는 원금을 까먹지 않는다는 원칙을 가지고 꼭 10년이라는 기간과 관계없이 안정적인 인생 재무 설계를 수립한다. 그런 다음 현재 투입할 수 있는 투자금액을 기준으로 원칙적으로 50:50의 비율로 장기 및 단기투자로 나눈다. 이때 장기와 단기의 비율은 구체적인 나이와 그때까지의 재무 상태 등을 토대로 조정할 수 있다.

만약 2030의 경우 장기 30:단기 70으로 할 수 있고, 4050의 경우 장기 70:단기 30으로 할 수 있다. 2030의 경우 주택비용, 교육비용, 육아비용 등 단기적으로 준비해야 할 재무 목표가 많은 반면 은퇴시점까지 앞으로 최장 30년 이상의 장기투자가 가능하기 때문에 그에 대한 복리 효과를 감안할 때 장기비율을 적게 가져갈 수도 있다. 4050의 경우 은퇴까지의 투자기간이 상대적으로 짧아 복리 효과가 줄어들기 때문에 대신 장기투입 비율을 높여야 한다.

물론 구체적인 재무 상태와 목표에 따라 그 비율은 더욱 가변적이다. 장기투자에서 좀 더 여유가 많은 자산가의 경우 증여나 상속에 관한 계획까지 염두에 둔다면 그에 따른 장단기 투자비율을 조정할 필요가 있다. 장기투자는 은퇴비용을 기본으로 거시적인 변곡점을 더 큰 기회로 활용하기 위해 준비하는 자산이다. 반면 단기투자는 단기간의 변곡점에서 활용할 수 있는 원천자금을 만들어준다. 따라서 장기투자는 아무리 재무 환경이 바뀌더라도 적어도 10년 이상 꾸준히 투입할 수 있는 안정적 자산으로 계획하여야 한다.

그에 반해 단기투자는 종자돈으로 표현되는 단기 목돈 마련을 위한 자금으로서 적절한 투자처가 생기면 경우에 따라 적당한 부채를 동원하여 함께 투입할 수 있는 투자 대기자금의 성격을 동시에 가진다. 따라서 단기투자는 언제라도 찾아 쓸 수 있는 방법으로 관리해야 하고 기본적으로 1~3년 정도의 기간으로 정한다.

사례를 통해 경험하기

다양한 직업과 연령을 대상으로 이루어진 많은 사례를 자세히 소개하면 좋겠으나 지면관계상 불가능할 것 같고 여기에서는 직장생활을 시작한 지 3년 정도에 불과한 양예진(가명) 씨의 사례가 다섯 가지 핵심 관리 영역과 잘 결합되면서 비교적 이해하기 쉬우리라 생각되어 소개한다.

양예진 씨의 재무 설계

한 달 급여가 150만 원이었던 스물아홉 살의 미혼여성 양예진 씨를 만난 것은 그녀가 스물일곱 살이었던 2년 전 여름이었다. 결혼을 하든 하지 않든 계속 일을 할 것이며 늦어도 40세 이전에 은퇴하고 외국여행을 많이 다니고 싶다고 했다. 그런 그녀의 현금 흐름표와 재산 상태표는 당시 다음과 같았다.

2년 전 양예진 씨의 현금 흐름표(월간)　　　　　　　　　　(단위 : 만 원)

지출			수입		
항목		금액	항목		금액
저축과 투자	채권형 투자	110[주1]	소득	본인 급여	150
	주식형 투자				
	현금성 자산				
	미분류 투자				
	소계	110		소계	150
고정지출	공적연금	6	저축 및 투자소득	금융소득	
	부채상환금			임대소득	
	건강/고용보험료	4		연금소득	
	각종보험료				
	소득세	2			
	재산세				
	소계	12		소계	
변동지출	생활비	30	기타 소득	일시재산소득	
	자기계발비			상속 및 증여소득	
	교통/통신비	10[주2]		기타 소득	14
	특별비				
	기부금				
	소계	40			
미파악지출		2		소계	
지출 합계		164	수입 합계		164

주석
1) 은행 적금
2) 휴대전화+대중교통비

　　이런 상태에서 그녀의 재무 상태표는 작성이 무의미했다.

　　당시 급여 150만 원 가운데 110만 원을 1년 전부터 새마을금고에 1년 만기 정기적금으로 가입하고 있었고 만기금은 약 1천360만 원이었는데 그것이 그녀의 모든 재산이었다. 아무런 보험도 없고 연금은 물론 펀드 하나 없었다. 신용카드 결제일이 되면 돈이 모자라 매달 14만 원 정도를 어머니에게 빌려 쓰고 있었다. 그래서 수입보다 지출이 14만 원 정도 초과한다.

대학에서 영문학을 전공했지만, 취즈이 어중간하여 지금은 일반 기업에서 업무사원으로 근무하고 있다는 그녀는 빨리 은퇴하는 것이 꿈이라고 했다. 그러나 그에 따른 구체적인 계획은 없었고 어딘가에서 들어보니 종자돈 마련이 중요하다 해서 투자는 일절 생각 않고 오직 돈만 악착같이 모으고 있었다. 그러다가 적금 만기 시점에서 아무래도 전문가의 도움을 받는 것이 좋겠다는 생각으로 다른 사람의 소개를 통해 사무실을 방문했다.

나는 예진 씨가 오직 돈만 많이 모으려고 하면 10년 후 은퇴는 사실상 불가능하다는 점을 먼저 이해시켜야 했다. 그래서 간단히 이렇게 설명했다.

독신으로 40세 이전에 은퇴한다는 가정을 가지고 은퇴 후 주거 비용을 포함한 한 달 생활비를 150만 원, 예상 수명 95세, 은퇴 이후 여명까지 물가상승률 3%. 보수적 투자수익률 5%를 기준하여 필요 자금을 계산해보니 은퇴 시점에서 총 33억 원 정도의 돈이 필요했다. 따라서 지금 27세의 예진 씨가 앞으로 13년 뒤 은퇴 자금 33억 원을 만들기 위해 연평균 10%의 투자수익률로 투자한다고 가정하면 매달 적립해야 할 금액은 얼마인가? 계산해보니 약 1천만 원이 나왔다.

이러한 설명을 듣게 된 예진 씨는 그만 입이 얼어붙어버렸다.

물론 그녀가 매월 1천만 원을 13년 동안 계속 적립한다는 것은 그 때 기준으로 전혀 불가능했다. 그렇다고 나중에까지 불가능한 것은 아니다. 그것은 그녀가 마음먹기에 달렸다.

그런 내용을 설명하고 조기은퇴를 위해 필요한 것은 단지 돈만이 아니라 자기관리를 우선으로 지출·투자·위험·가족관리 등의 종합적인 결과로 기대할 수 있는 것이라는 점을 이해시켰다. 우선은 60세 은퇴 기준으로 정상적인 인생 재무 설계를 했는데 구체적인 내용에 대하여는 10년 후 은퇴라는 주제에 다소 비켜나는 듯하여 생략한다.

먼저 그때까지 하나의 통장에서 수입과 지출이 관리되고 있던 것을 소득관리통장과 지출관리통장으로 구분하여 목표로 하는 지출금액을 수입계좌에서 지출계좌로 이체한 후 사용할 것을 권했다. 또한 현재 저축액을 단기와 장기로 구분함과 동시에 채권형 자산에 몰입되어 있던 자산을 성격이 다른 세 가지 형태의 주식형 펀드에 각 20만 원씩 총 60만 원을 투입하고 동시에 20만 원을 장기 투자상품인 변액연금에 가입토록 했다. 그리고 새마을금고 만기금 1천360만 원은 CMA 계좌를 개설하여 투자대기자금으로 예탁해 놓았다.

더불어 위험관리를 위해 주계약을 최소로 하고 정기특약을 추가하여 사망보험금 5천만 원이 지급되는 종신보험에 몇 가지 특약을 붙여 8만 원으로 가입한 다음, 영문학과를 졸업한 전공을 확실히 살리기 위해 외국어학원에 등록할 것을 권유했다.

그렇게 6개월 정도가 지났을 때 예진 씨로부터 연락이 왔다. 평소 부동산에 관심이 많은 직장 동료로부터 수도권 지역의 빌라를 소개받았는데 투자해도 괜찮겠느냐는 것이었다. 당시 가격은 1억 원 정도였고 세입자가 보증금 3천만 원에 월세 30만 원을 내면서 살고 있었다. 우리 회사의 부동산 팀을 통해 평가한 결과 그 지역의 개발호재 등을 이유로 투자유망평가를 받았다. 그래서 CMA 예탁금과 그때까지의 펀드 투자액을 환매한 총 2천만 원 정도의 자금 그리고 은행에서 융자 5천만 원을 빌려 구입하도록 한 후 투자비율을 포함한 월간 현금 흐름표를 다시 조정했다.

그로부터 다시 1년 6개월이 지난 현재 그녀의 현금 흐름표와 재무 상태표는 다음과 같다.

2년 후 양예진 씨의 현금 흐름표(월간) 　　　　　　(단위 : 만 원)

지출			수입		
항목		금액		항목	금액
저축과 투자	채권형 투자 주식형 투자 현금성 자산 미분류 투자	20[주1] 50[주2]	소득	본인 급여	170
	소계	70		소계	170
고정지출	공적연금 부채상환금 건강/고용보험료 각종보험료 소득세 재산세	7 25[주3] 6 8[주4] 2	저축 및 투자소득	금융소득 임대소득 연금소득	30
	소계	48		소계	30
변동지출	생활비 자기계발비	20 18[주5]	기타 소득	일시재산소득 상속 및 증여소득	

	교통/통신비	18[주6]		기타 소득	
	특별비	20[주7]			
	기부금	2[주8]			
	소계	78			
미파악지출		4		소계	
지출 합계		200	수입 합계		200

주석

1) 변액연금(주식형 비율 50% 정도이나 편의상 채권형으로 구분)

2) 주식형 펀드 각 20만 원/30만 원 두 개

3) 주택담보대출금 이자

4) 종신보험 8만 원

5) 외국어학원

6) 휴대전화+대중교통비

7) 가정보조비(부모님 집에 얹혀살며 분담하는 비용)

8) 한국국제기아대책기구 월정 후원금

2년 후 양예진 씨의 재산 상태, 즉 재무 상태표
(단위 : 만 원)

자산			부채와 순자산		
항목		금액	항목		금액
유동성 자산	현금	0	단기부채	마이너스통장	
	단기상품	300[주1]		은행대출	
	수시입출계좌	70		보험대출	
	기타유동성			신용카드	
	소계	370		현금서비스	
투자자산	채권형			카드론	
	주식형[주2]	1370[주2]		소계	
	부동산	15000	중장기 부채	신용대출	
	기타 자산			담보대출	5000
	소계	16370		임대보증금	
은퇴자산	공적연금[주3]	360[주3]		직장대출	
	기업연금			사채	
	개인연금[주4]	480[주4]		소계	5000
	소계	840	기타 부채	임대보증금	3000
보장자산	생명보험[주5]	5000[주5]		개인차입금	

	손해보험					
	소계	5000				
사용자산	주거용부동산					
	각종회원권					
	임차보증금					
	미술품				소계	3000
	기타			총부채 합계		8000
	소계			순자산 합계		9580
총자산 합계		17580[주6]	부채와 순자산 합계			17580

주석

1) CMA

2) 적립식 펀드 1천370만 원(원금 900만 원)

3) 국민연금 총 불입원금

4) 변액연금 총 불입원금

5) 종신보험일반사망보장금

6) (주5)는 제외한 금액

현재 상태의 재무 분석

직장생활 3년 동안 모은 순자산액이 무려 9천580만 원. 더구나 그녀는 투자자산으로 소유한 수도권 소재 빌라에서 월 30만 원 정도의 임대소득을 얻고 있다. 그동안 급여도 170만 원으로 올랐다. 2년 전에는 부모님 집에서 공짜로 빈대 붙어 살고 있었지만 이젠 매월 20만 원을 보조금으로 기꺼이 분담하고 있다.

보험 하나 없었던 그녀가 본인 사망 시 5천만 원이 지급되는 종신보험에 다른 몇 가지 특약을 덧붙여 가입했고 또한 매월 2만 원을 한국국제기아대책기구에 월정 후원까지 하게 되었다. 대학 때 봉사활동으로 방문했던 네팔에서 헐벗은 아이들을 보고 느꼈던 것이 있었는데 이제야 조금이나마 후원을 하게 되어 기쁘다고 했다.

지출관리를 통해 용돈도 오히려 10만 원 줄여 월 20만 원을 사용하고 있고 무엇보다 고무적인 것은 자기계발 비용으로 18만 원을 투자하여 외국어를 배우기 시작했다는 점이다. 자기 자신에게 투자하는 것이 가장 큰 수익률을 얻을 수 있다는 제안을 기꺼이 받아들인 것이다.

그때 구입한 빌라가 지금은 50% 정도 올라 1억 5천만 원을 호가하는데 주변 지역 개발 호재가 있어 조금 더 기다렸다가 매각할 예정이다. 빌라 구입 직후부터 총 50만 원을 두 개의 주식형 펀드에 가입했는데 1년 6개월에 걸쳐 총 900만 원이 평가 시점 당시 1천 370만 원으로 불어나 있다. 앞으로 1년 6개월 정도를 더 채워 펀드를 환매하고 빌라 또한 처분토록 하여 좀 더 다양하고 폭넓은 투자 포트폴리오를 추천할 계획이다.

예진 씨의 경우 직장생활 3년 동안의 총 소득액이 약 6천만 원이었다. 아울러 매달 170만 원의 소득을 기준으로, 변동지출 월 78만 원과 고정지출 23만 원(대출금 이자 25만 원 제외) 등 총 101만 원을 공제하면 저축률은 불과 41%에 불과하여 그녀가 저축한 원금은 총 2천400만 원이었다. 그런데도 현재 순자산이 무려 1억 원에 가깝다는 것은 원금 대비 네 배에 이르는 큰 수익을 달성하고 있다는 얘기다.

결국 그녀는 지출관리방법을 개선하고 외국어학원을 통해 자기계발에 투자하기 시작하였으며, 그 기간 동안 부동산과 주식의 변동성을 적절하게 활용하면서 자산을 불리고 동시에 보장성 보험 가입을 통해 위험관리를 실행하고 있는 경우이다.

재무 설계의 핵심
적절하게 투입하여 구체적으로 실천하라

투자기간별 **자산항목**

10년 후 은퇴는 구체적인 자기관리, 지출관리, 투자관리, 위험관리, 가족관리 등의 다섯 가지 핵심 관리에 대한 구체적인 계획을 세우고 이를 실천하는 것으로 완성되어나간다. 여기에서는 그 가운데 재무 설계의 핵심인 투자관리를 중심으로 설명하겠다.

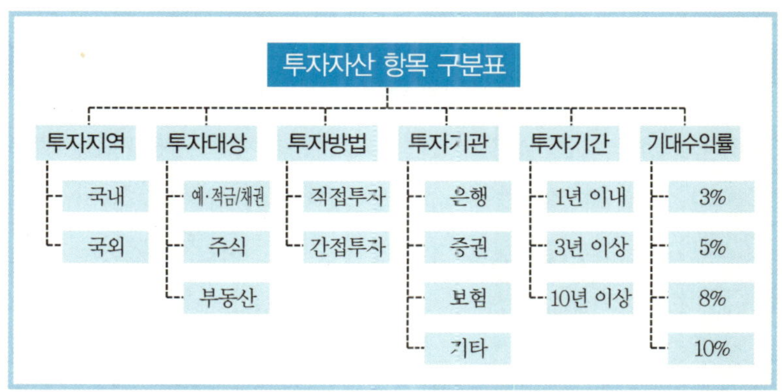

　투자관리는 크게 장기와 단기로 나누어진 투자금액을 앞의 표와 같이 적절한 투자상품에 투입하여 구체적으로 실천하는 것이다.

　자산은 크게 금융자산과 부동산자산 및 기타 자산으로 나눌 수 있고, 금융자산을 다시 채권형 금융자산과 주식형 금융자산으로 구분한다면 결국 자산 분류는 크게 채권형 금융자산, 주식형 금융자산, 부동산 및 기타 자산으로 정리된다.

　여기서 채권이란 단순히 회사에서 발행하는 회사채나 국가 및 지방자치단체 등에서 발행하는 국채와 지방채, 그리고 공공기관에서 발행하는 공채 등에 한정되는 것이 아니라 원금 손실 위험이 거의 없는 대신 예금이자 정도의 저수익을 안정적으로 지급받을 수 있는 금융자산이 모두 포함된다고 보면 된다. 따라서 은행권에서 가입한 각종 정기 예적금이나 채권형 펀드, 시중 금리로 부리되는 보험권의 장기저축성 상품 등이 모두 채권형 상품에 속한다.

　반면 주식형 금융자산이란 채권형 금융자산에 비해 높은 수익을 기대하는 반면 원금 손실 등 투자위험을 감수해야 하는 금융자산으로 특정 기업 주식에 대한 직접투자, 주식이 편입된 펀드를 통한 간접투자, 그리고 보험권의 변액보험 가운데 보장성 상품을 제외한 장기투자성 상품인 변액유니버셜VUL 등을 뜻한다.

　기타 자산으로는 딱히 부동산으로 구분하기 곤란한 자산, 가령 자동차라든가 미술품 등이 이에 해당한다. 그러나 부동산이나 미술품 등을 직접 거래하지 않고 리츠펀드, 아트펀드 등과 같이 유동화시켜 판매할 때엔 이를 원금 손실이 가능하면서 채권형 자산보다 높은 수익을 기대하는 주식형 금융상품으로 이해할 수 있다.

먼저 기간별로 합당한 자산을 구분한다면 아무래도 유동성 기준이 먼저 적용될 것이다.

투자기간을 단기·중기·장기로 나눌 때, 단기란 1년에서 3년을 의미하고, 중기는 3년에서 7년, 장기는 7년에서 10년 이상을 뜻한다.

금융자산인 채권과 주식은 사고팔기가 용이한 반면 부동산은 그렇지 못하다. 특히 세금까지 관련되기 때문에 부동산 거래는 점점 더 복잡해진다. 따라서 부동산은 최소한 중기 혹은 장기자산 항목에 적용된다.

반면 금융자산은 그 내용에 따라 단기나 중기 혹은 장기로 구분되는데 일반적으로 은행권의 채권형 금융상품과 펀드 및 주식과 같은 투자상품 등의 경우엔 아무래도 유동성 측면에서 1~3년의 단기자산으로 구분되는 반면 대부분의 사업비가 가입 초기에 빠져나가는 보험권의 채권형 및 주식형 투자상품의 경우 7~10년 이상의 장기상품으로 분류할 수 있다.

어떤 상품이 좋은 상품일까?

우리나라에서 판매되는 펀드 상품은 무려 8천여 개가 넘는다. 거기에 은행권, 보험권의 상품을 합하면 금융상품만 하더라도 셀 수 없이 많다. 그런데 그 많은 상품 가운데 하나하나 상대적으로 평가하여 좋은 상품과 나쁜 상품을 구분한다는 자체가 무의미하다.

결론적으로 모든 금융상품 가운데 나쁜 상품은 없다. 왜냐하면 모든 금융상품은 나름대로 이유와 타당한 차별성을 가지고 감독기관의 인가를 거쳐 만들어지기 때문이다. 다만 본인의 재무 계획과 현재 상태의 관계를 기준으로 그것이 독이 될지 약이 될지를 판단할 뿐이다.

이에 반해 상품구조가 정형화되어 있지 못하고 개별화, 사유화되어 있는 부동산, 특히 토지 같은 경우엔 상품 자체가 나쁜 상품인 것도 많다. 따라서 거래를 하려는 당사자 스스로 해당 부동산의 권리관계라든가 입지조건 등을 잘 따져보아야 하고 상품의 하자로 인한 책임 또한 본인이 져야 한다.

마찬가지로 금융상품 가운데서도 감독기관의 인가 과정을 거치지 않은 상품, 즉 개인이 운영하는 사설 펀드 같은 경우에도 부동산과 같은 맥락으로 이해할 수 있겠다.

어떤 상품이 좋은 상품일까? 결국 내가 책임질 수 있는 가운데 재무 계획에 적합한 상품이 좋은 상품이며 적절한 방법을 통해 적절한 목표 수익률로 관리할 수 있다면 더 좋은 상품이다.

그렇다면 이제부터는 관리가 중요하다.

재무 설계의 마침표

예측 가능하든 불가능하든 모두 관리하라

변동성에 주목하라

아무리 좋은 계획을 세우고 그에 따른 실천을 행했다 하더라도 그것이 10년 이상 유효할 가능성은 없다. 투자란 일종의 변동성, 즉 위험에 돈을 던지는 것이고 그 위험은 수시로 변한다. 변하지 않는다면 수익이 있을 수 없다. 따라서 구체적인 투자 플랜을 실천하였다면 그때부터 변동성에 주목해야 한다.

변동성은 크게 두 가지가 있다. 하나는 추세적인 변동성이며, 두 번째는 비추세적인 변동성이다. 추세적인 변동성이 시기는 확실치 않지만 그렇게 변할 가능성이 높은 것이라면, 비추세적인 변동성은 전혀 예상치 못한 변동성으로 일종의 사건에 해당한다.

추세적인 변동성의 예를 들면, 경기가 좋지 않으니 주가가 떨어지겠다, 인구가 갈수록 줄어드니 전체적인 주택 수요가 줄어 주택 가격이 떨어지겠다… 하는 등 예측 가능한 지표를 말한다. 또한 동시에 '익으면 터진다' 는 식의 논리도 일종의 단기 추세적 변동성에 해당한다. 가령 주식 가격이 장기적으로는 오를 것이 분명해 보이는데 일시적으로 떨어지는 경우다. 이것을 우리는 조정 장세라고 표현한다.

비추세적인 변동성은 예기치 못한 사건, 그 자체다. 쉽게 예를 들면 IMF, 9·11테러 등과 같은 경우이다. 그러한 변동성에 따라 그때까지 실천하고 있던 투자 플랜을 조정하게 되는데 대체로 비추세적인 변동성에 대응하는 것이 수시관리이며, 추세적인 변동성에 대응하는 것을 주기적 관리, 즉 정기 관리라고 한다.

그러나 IMF의 경우를 보면, 이런 사태를 미리 예견하고 대비한 사람들도 있다. 아니, 대비했다기보다 그로 인해 오히려 더 큰 이익을 얻은 사람들이다. 그들은 결국 일정한 추세의 결과 그 당시 한국에서 IMF와 같은 사태가 있으리라 예상했다. 따라서 다른 사람들에겐 전혀 대비할 수 없었던 비추세적인 변동성조차 또 어떤 사람들에겐 예측할 수 있는 추세가 되기도 한다.

그 결과 같은 금액의 투자가 엄청난 차이로 나타나는 것은 당연한 귀결이다. 그것을 어떻게 극복할 것인가? 투자의 기회비용으로 이해할 수 있다.

사례에서 소개한 양예진 씨의 경우처럼 변곡점을 이용한 투자의 기회비용을 성공적으로 활용한 경우는 연령이나 직업 혹은 소득에 상관없이 현 상태에 대한 정확한 진단을 통한 계획과 그 이후의 적절한 관리 여부가 얼마나 중요한지 잘 보여준다.

최소한 1년 단위의 **정기관리가 필요**하다

단기적인 영향을 미치는 비추세적인 변동성에 대응하는 것도 필요하지만 기본적으로는 일정 기간(대체로 1년 단위)다다 그때까지 실행해왔던 재무 플랜을 점검해야 한다. 물론 투자 플랜에 대한 점검뿐만 아니라 다섯 가지 핵심 관리에 대한 계획과 실천과정을 종합적으로 점검하면서 현재 시점에서 자신이 가진 자산의 크기를 가늠해보는 습관을 들여야 한다.

수시 관리의 경우에는 그럴 만한 상황의 변화를 느낄 수 있지만 정기 관리의 경우엔 상황의 변화를 거의 느끼지 못하는 상태에서 이루어지는 경우가 대부분이다. 왜냐하면 추세적인 변화라는 것이 당장 어떤 결과로 나타나는 것이 아니라 상당 기간 동안 서서히 나타나기 때문이다.

따라서 세계와 한국의 경제 동향, 직업과 사회 트렌드의 변화를 거시적인 관점에서 관찰해가면서 그에 따른 학습 방향을 점검하고 단기 펀드의 국내외 투자비율을 조정한다거나 변액유니버셜이나 변액연금과 같은 장기투자성 상품의 펀드 유형을 변경하는 등 전체적인 주식, 부동산, 채권의 투자 비중을 조절해나갈 필요가 있다.

동시에 소득 증가 혹은 감소 등 개인적인 여건의 변화에 따라 단기투자와 장기투자의 비중을 조절할 필요도 있는데, 특히 정기관리를 통해 외부 영향과는 관계없이 개인의 재무 목표를 수정할 필요가 생기는 경우도 있다.

인생의 **기회비용을 고려**하라

　기회비용이란 것이 있다. 어느 날 분당에 있는 한 회사에 재무 세미나가 있어 방문한 적이 있었다. 세미나를 마치고 돌아와 보니 중요한 자료를 그 회사에 두고 왔다는 사실을 알았다. 그때 그 서류를 가지고 오는 방법은 두 가지다.

　첫째는 내가 다시 가서 가져오는 것이다. 왕복으로 두 시간쯤 걸리겠고 기름값과 고속도로 통행비를 포함, 1만 원 정도가 든다.

　둘째는 퀵서비스를 부르는 것이다. 퀵을 그 회사로 불렀다가 다시 내가 근무하는 회사(강남 소재)로 오게 하는 데 한 시간쯤 걸리고 2만 원이 든다.

　두 가지 방법 가운데 비용이 저렴한 경우는 첫 번째, 즉 내가 직접 가서 그 서류를 가져오는 것이다. 그러나 나는 당연히 퀵을 부른다. 설령 1만 원을 아낄 수 있더라도 내가 허비하는 두 시간에 대한 노동가치가 훨씬 비싸기 때문이다. 그것이 기회비용이다. 여러분은 과연 어떤가?

　사람들은 저마다 직업을 가지고 있다. 그 사람이 현재 가장 돈을 잘 벌 수 있는 분야는 자기가 일하는 분야다. 그 일을 통해 돈을 번다. 따라서 수익률을 높이는 첫 번째 방법은 자기 직업에 대한 경쟁력을 높이는 곳에 먼저 투자하는 것이다. 즉 자기 몸값을 올리는 것이다. 한번 올려놓은 몸값은 좀체 잘 떨어지지 않는다. 반대로 오랫동안 정체되었거나 떨어져왔던 몸값은 가장 헐값으로 거래되기 쉽다. 그리고 곧 퇴출이다.

꼭 돈을 투자하지 않아도 좋다. 먼저 시간과 노력을 투자하면 족하다. 그런 가운데 자기계발에 필요한 훈련을 적당한 방법으로 쌓아나가면 금상첨화다.

조기은퇴에서 사실상 가장 중요한 것은 돈이 아니다. 먼저 자기 가치, 즉 자기의 직업을 통한 부가가치를 올리는 것이다. 한마디로 자기 몸값을 올리는 것만큼 높은 재테크가 없다. 무직으로 지내면서 가진 돈 1억 원을 잘 굴려보려고 이리저리 머리 쓰는 것보다 직장을 다니면서 월급을 받는 쪽이 훨씬 좋다는 말이다.

직업을 가진 사람 역시 마찬가지다. 연봉 3천만 원이 5천만 원이 되고, 연봉 1억 원이 된다는 것은 엄청난 투자수익률을 보장하는 셈이다. 그 외의 모든 분야는 자기 분야에서 최고가 되기 위해 노력해가는 사람들에게 과감하게 아웃소싱해야 한다.

많은 사람들을 상대로 상담을 하다 보면 간혹 이런 사람들이 나타난다.

"이제 대충 이해했으니 제가 한번 해보고 궁금한 내용이 있으면 다시 연락드리겠습니다."

그러나 그런 사람들이 다시 연락해온 경우는 없다. 성공해서가 아니다. 한마디로 '창피해서' 다.

투자란 결국 시장이 가진 변동성을 적절히 잘 이용하는 것이며 개인 재무 관리는 기간별로 적절히 안버된 자산항목을 시장의 변동성에 따라 단기, 중기, 장기적인 안목으로 그때그때 유리한 타이밍에서 이동시켜가는 것이다.

그것을 위해 내가 가진 모든 시간을 올인해가며 일하는 내 전문

분야를 다른 직업에 종사하는 사람이 근무시간 틈틈이 부업처럼 띄엄띄엄 하는 것으로는 성공할 수 없다. 설령 어떻게 시장이 좋아 한두 번 성공하더라도 나중엔 결국 실패할 가능성이 높다. 동시에 직장에서 근무평점 역시 좋을 리 없고 심한 경우 퇴직이나 가족 간의 불화를 초래하기도 한다. 그런 지경에선 창피해서 도저히 다시 찾아오지 못한다.

10년 후 은퇴를 꿈꾸는 당신, 먼저 인생의 기회비용을 생각하라.

동업자 정신을 가져라

마흔에 은퇴하려면 얼마나 모아야 할까?
단순 계산으로도 24억 원의 현금성 자산이 필요하다.

조기은퇴를 꿈꾸는 사람들의 특징 중 하나는 은퇴 후의 삶을 '쪼잔하게' 보내긴 싫다는 것이다. 전원주택에다 골프는 기본이고 1년에 2회 정도 해외여행을 가는 수준은 되어야 한다. 부부가 그런 생활을 유지하려면 한 달 생활비는 못 잡아도 500만원. 40세에 퇴직하여 최소한 80세까지 산다고 가정하면 남은 기간은 40년이다. 단순 계산으로도 24억 원의 현금성 자산이 필요하다. 여기에 전원주택 등의 주거비용을 더하면 적어도 30억 원 이상은 있어야 한다.

그러나 2006년 통계청이 조사한 전국 가계 조사결과에 따르면 우리나라 가구당 평균 총자산은 2억 8천112만 원이며 40대의 평균 총자산은 3억 260만 원이었다. 평균자산을 기준으로 할 때 40대 조기은퇴는 꿈도 꾸지 못할 일 같다.

그러나 상위 10% 계층의 평균자산이 12억 5천211만 원임을 감안하면 언뜻 상위 1~2% 내외의 사람들만이 그런 수준의 은퇴자산

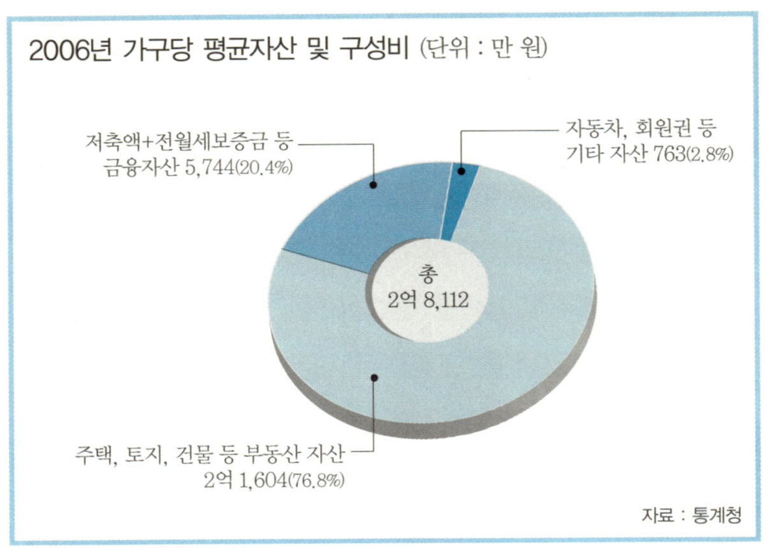

을 확보하고 있지 않나 생각된다. 실제로 메릴린치 증권이 컨설팅 회사 캡제미니와 공동으로 발간한 '아시아 태평양 연례 부자 보고서'에 따르면 2005년 말 기준 주거비용을 제외한 금융자산이 100만 달러를 넘어선 사람들이 8만 6천700명으로 나타났다. 부동산 자산이 금융자산의 네 배 정도에 이르는 한국 부자들의 특성을 감안할 때 그들의 총자산은 약 50억 원에 이를 것으로 생각되며, 이를 토대로 금융권에서는 적어도 30억 원 이상의 자산가가 우리 인구의 약 0.4% 정도 되는 것으로 추정하고 있다. 그들에게 딸린 식구와 부의 대물림까지 예상하면 적어도 인구의 1% 내외가 40대 은퇴 시 필요한 자산을 확보하고 있다고 이해할 수 있다.

대한민국 99%를 위한 은퇴 준비
은퇴 이후의 삶은 개인이 완벽하게 준비할 수 있는 영역이 아니다.

그렇다면 나머지 99%는 그런 1%의 사람들을 그저 쳐다만 보고 있어야 할까?

그렇지 않다. 설령 앞으로 10년 후, 재정적인 은퇴에 필요한 자금을 마련하는 데 성공하더라도 갈수록 증가하는 불확실한 은퇴 이후의 삶은 개인이 완벽하게 준비할 수 있는 영역이 아니다. 국가가 그 기초를 깔아야 하고 기업이 지렛대를 놓아야 하며 개인은 그리 지나치지 않은 계획으로 자기의 추가적인 필요를 해결한다는 소위 '동업자 정신'을 가질 수 있다면 편안한 은퇴생활은 얼마든지 가능한 일이다.

최근 정부의 복지 분야에 대한 투자가 눈에 띄게 많이 늘었다. 얼마 전에 상담을 마친 한 젊은 부부는 연리 3%로 5천만 원의 전세자금 대출을 받고 있었으며 월 7~8만 원으로 네 살짜리 어린 자녀를 어린이집 종일반에 맡기고 있었다. 덕분에 그 아내는 피부관리사로 근무하면서 현재 월 150만 원 정도의 수입을 얻고 있다. 그 이전에는 어림도 없는 소리였다.

사실 정부가 육아복지 등에 투자하는 현실적 이유가 있다. 갈수록 노령인구가 늘어난다는 것은 그만큼 세금을 걷기가 힘들어진다는 뜻이다. 세금은 기본적으로 경제활동인구로부터 징수된다. 정부로서는 다가올 미래에 경제활동인구, 즉 세금을 낼 수 있는 인구를 더 많이 확보해야 할 필요성이 커진다. 그래서 출산을 장려하고 육아비용에 더 많은 지원을 하는 것이다.

부동산 등에 대한 세제를 강화하는 것도 비슷한 현실적 이유가 깔려 있다. 어쨌든 정부는 미래의 세수 확보에 많은 관심을 가져야 하는 입장이다. 우리가 비과세상품에 더 많은 관심을 가져야 하는 이유와 상반된다.

개인 역시 마찬가지다. 가족 부양에 대한 비용이 두려워 결혼은 물론 출산까지 포기했지만, 갈수록 경제활동인구가 줄어들면 노인이 되어서도 더 많은 세금을 부담해야 한다. 어쨌든 정부는 세금을 걷어야 하기 때문이다.

은퇴라는 것은 그렇게 저렇게 개인과 기업과 국가가 서로 사회적 역할을 분담하여 준비하는 것이다. 결코 대다수의 개인 혼자서 완벽하게 준비하는 것이 아니다.

여기서는 퇴직연금과 국민연금, 주택연금과 노인요양보장제도에 대해 간단하게 정리해본다.

2030의 희망 **퇴직연금**

　계획과 실천 세대인 2030에게 추가적인 폭발성을 가진 제도가 퇴직연금제도다. 과거의 퇴직금제도가 근무년수 1년당 1개월 분의 급여 해당액을 회사가 단순 적립하고 있다가 직원 퇴직 시에 지급하는 것이었다면 퇴직연금은 마월 일정액의 퇴직연금보험료를 일종의 적립식 펀드 형태로 운영하여 불려나가는 방식이다. 또한 개인 관리 계좌가 있어 회사를 옮기거나 떠나더라도 그때까지의 연금계좌를 그대로 이전할 수 있기 때문에 과거처럼 직장 이동에 따라 퇴직금이 조각나버리는 사태가 없고 회사가 망하더라도 영향을 받지 않는다. 즉 소득의 일정 부분을 회사 이직이나 실직 혹은 부도 등과 상관없이 장기적으로 적립해나갈 수 있게 된 것이다.

　이 제도는 미국의 401K를 슨당 부분 원용한 것으로 세제 혜택까지 함께 주어지기 때문에 본격적으로 시행되는 2008년 이후엔 그로 인한 주식시장 추가 활황까지 예견되기도 한다. 실제로 미국 주식시장의 경우 퇴직연금제도 시행 전 1천 포인트에 불과했던 다우지수가 그 이후 현재 수준까지 이르는 데 기폭제 역할을 한 것이 퇴직연금제도였을 정도이니 충분히 그럴 만도 하다.

　과거 퇴직금제도는 기업이 상당 부분을 직접 적립하지 않아도 되었지만 퇴직연금제도는 그럴 수가 없다. 확정 급여형과 확정 기여형에 따라 다르지만 퇴직금이 사외에서 일부나 전부가 관리 및 투자되기 때문에 좋은 직장의 선택 기준이 퇴직연금 가입 여부라는 광고까지 등장하기에 이르렀다.

기존의 퇴직금제도와 퇴직연금제도(DB, DC)의 차이점

구분	퇴직금제도	퇴직연금제도 확정급여형(DB)	확정기여형(DC)
개념	−근로자가 상당 기간을 근속하고 퇴직할 경우 사용자가 근로자에게 일시금을 지급하는 퇴직급여제도	−노사가 사전에 퇴직 시 연금급여를 확정하는 퇴직급여제도 −근로자가 일정한 연령에 도달하면 사전 확정한 급여를 지급	−기업의 부담금을 사전에 확정한 후 근로자의 적립금 운용실적에 따라 연금급여를 지급하는 퇴직급여제도
부담금 주체	기업	기업	기업 (근로자의 추가부담 가능)
근거법	근로기준법	근로자 퇴직급여 보장법	
급여형태	일시금	연금 또는 일시급	
급여수준	연속근로년수 1년에 대하여 30일분 이상의 평균임금	정해진 급여 공식에 따라 사전적으로 정해짐	연간 임금 총액의 적립금 운용 결과에 따라 근로자별로 다름
적립금 운용 및 책임	기업	기업	근로자
부담수준 (사용자)	−	−	연간 임금 총액의 1/12 이상
적립방식	사내 적립이 대부분	부분 사외 적립	전액 사외 적립
수급권 보장	불안정	부분 보장	완전 보장
연금수리 필요여부	불필요	필요	불필요
통산가능여부	불가능	어려움	용이
세제혜택 −근로자	일시금 퇴직 소득과세	연금수급 시까지 과세 이연(예정)	
−회사	사내 적립 : 40% 손비 인정	사외적립 손비 인정(예정)	

자료 : 금융결제원

표에서와 같이 퇴직연금제도는 크게 확정 급여형과 확정 기여형 두 가지가 있고 확정 급여형이 퇴직 시 지급받을 연금액을 미리 확정한 상태에서 투자액을 기존의 퇴직금제도처럼 기업이 전액 부담하는 것이라면, 확정 기여형은 기업이 부담해야 할 투자액을 미리 정한 후 근로자 스스로 적립금을 운용하여 그 결과에 따라 연금을 지급받는 것으로서 근로자는 기업 부담금 외 별도의 추가 부담을 통해 투자액을 늘릴 수 있는 장점이 있다.

또한 연금 지급 시까지 과세가 이연되어 퇴직연금에 투입되는 투자액에 대한 소득세가 비과세되고 민간의 영리금융기관이 판매하는 연금보험에 비해 사업비가 크게 줄어들기 때문에 같은 수익률을 기준으로 하면 투입금액 대비 연금지급액이 상대적으로 높을 수밖에 없다.

세대별로 보면 이 제도는 이기 퇴직금 중간정산 등으로 투자를 운용할 적립재원이 없고 이미 직장생활의 대미를 장식하고 있는 4050세대보다 2030세대가 수혜자가 된다. 따라서 2030은 먼저 소득의 일부분은 지금 사용할 수 있는 내 돈이 아니라 은퇴 이후에 사용해야 할 미래의 부채를 갚아나간다는 의식을 가져야 한다. 그런 인식을 바탕으로 퇴직연금제도를 생각하면서 과세기준과 적립방법, 기타 유연성 등을 참고한 민간 금융기관들이 운영하는 장기 적립형 상품들을 적절히 추가하는 것이 유익하다.

4060의 보루 국민연금

국민연금 역시 앞으로의 변화 가능성을 감안하더라도 민영금융기관에서 판매하는 연금상품보다 비교우위에 있다. 개정된 국민연금법을 적용하면 현재 30세는 표준보수월액의 9%의 보험료를 30년 동안 내고 이후 60세부터 최소 30년 이상(예상되는 평균수명 기준) 표준보수월액의 40%를 종신토록 받는다. 그것도 물가상승률을 감안하면 민영 연금상품에 비해 그리 만만한 금액이 아니다.

연금 재원 고갈에 대한 불안감은 정부 보증으로 강화했다. 다만 세대별 적용을 기준할 때 아쉬운 것은 표에서와 같이 적어도 10년 이상, 20년 이상 보험료를 내어왔던 4060세대, 특히 5060세대가 2030세대에 비해 많이 유리하다는 점이다. 왜냐하면 소급 적용이 배제된 개정 국민연금법에 따라 개정 전 보험료 납입에 있어 개정 전 급여기준을 그대로 적용하기 때문이다.

우리나라의 국민연금은 불과 20여년밖에 지나지 않았지만 유럽

20년 가입자 연금 지급액 비교 (단위 : 만 원)

| 기준소득 | 2008년 기준 | | | | | | | | | | 2028년 이후 신규 20년 (48년 수급자) | |
| | 기존 20년 (08년 수급자) | | 기존 15년 향후 5년 (13년 수급자) | | 기존 10년 향후 10년 (18년 수급자) | | 기존 5년 향후 15년 (23년 수급자) | | 신규 20년 (28년 수급자) | | | |
	현행	개정안	현행	개정안	현행	개정안	현행	개정안	현행	개정안	현행	개정안
360	90	90	86	82	81	73	81	67	81	61	81	54
300	80	80	76	73	72	65	72	59	72	54	72	48
250	71	71	68	65	65	58	64	53	64	48	64	43
200	62	62	60	57	57	51	57	47	57	43	57	38
180	59	59	56	54	54	49	54	45	54	40	54	36
150	53	53	51	49	49	44	49	41	49	37	49	33
100	44	44	43	41	42	38	42	35	42	31	42	28
50	35	35	35	33	34	31	35	28	34	26	34	23

자료 : 보건복지부

등 선진국들의 국민연금은 백 년이 넘어선 지금까지도 진통을 겪고 있다. 물론 그런 진통의 핵심은 수급불균형이다. 어느 나라이든 간에 국민연금 도입 초기엔 적게 내고 많이 받는 체계였다. 좀 더 많은 사람들을 가입시켜야 했기 때문이다.

우리나라도 처음엔 표준소득월액의 단 3%를 내고 70%를 지급받는 계층도 있었다. 이른바 특혜노령연금 수혜자들로서 국민연금 시행 당시 나이가 많아 연금수급기간을 채울 수 없는 사람들에게 지급하기 위해 마련된 제도였다. 그러다가 국민연금 지급이 가시화되면서부터 납부액과 지급액에 대한 현실적인 조정에 들어가게 된 것이다.

결국 2030세대가 피해를 보는 것이 아닌가? 맞다. 적어도 국민연금 하나만 놓고 보면 그렇다.

그러나 4060세대는 그야말로 은퇴에 대한 아무런 준비가 없었던 반면 2030세대는 처음부터 체계적이고 계획적인 개인 재무 관리를 하고 있는 세대다. 또한 4060이 아직도 부모에 대한 부양책임을 이행하고 있음에 반해 2030은 아예 생각조차 않고 있다. 그런 비용 차이를 함께 고려하여 정부 정책에 대한 세대별 차이를 극복할 수 있어야 한다.

물론 그렇더라도 국민연금이 은퇴 이후를 완벽하게 책임지는 것은 아니고 그 불완전한 완벽성조차 갈수록 효용이 떨어진다. 국민연금은 원래의 입안 취지 그대로 은퇴 후 최저생계비를 목표로 하는 사회안전제도에 불과하고 특히 2030세대에게 있어 국민연금은 철저히 그런 인식의 기초 우에서 평가되어야 한다. 다만 4060

세대의 경우 상대적 수혜 세대임으로 은퇴 대비 자산을 평가할 때 국민연금 예상 수급액을 참고하여 준비해가는 것이 좋다.

또 하나의 도우미, **주택연금**

우리나라 사람들의 총자산 분포에 대한 자료들을 보면 늘 지적받는 것 중 하나가 바로 부동산자산의 과다 편중이다. 국토는 좁은데 사람들은 바글거리고 특히 서울과 수도권을 중심으로 인구의 절반이 북적거리다 보니 부동산, 특히 수도권역 아파트에 대한 보유 비중이 높을 수밖에 없었다.

그러나 부동산은 말 그대로 부동산이어서 유동성이 떨어지고 뭉칫돈 중심으로 이동되다 보니 특히 성인 자녀들이 있는 5060세대에겐 그 본인을 위해 실속 있는 자산 구실을 다하지 못하는 경우가 많다. 극단적으로 이제 막 은퇴를 앞둔 부부에게 다른 금융자산 없이 지금 거주하고 있는 아파트 하나 달랑 남아 있다면 비극이다. 팔자니 은근히 손 벌리는 자식 눈치 보이고, 안 팔자니 당장 쓸 돈이 없다.

그런 사람들을 위해 정부 보증 주택연금제도가 있다. 금융권에 주택을 맡기고 그 즉시 월정액의 연금을 종신토록 받되 사망하게 되면 금융권에 주택을 넘겨 그때까지 지급받은 연금액을 정산하는 제도이다. 물론 그동안 주택가격이 하락하여 담보가액이 떨어지거나 지급받은 연금액이 담보가액을 초과하더라도 이용자의 부담은

주택가격과 나이에 따른 주택연금 월 지급액

나이 \ 주택가격	1억 원	2억 원	3억 원	4억 원	5억 원	6억 원
65세	28만 원	57만 원	86만 원	115만 원	144만 원	172만 원
70세	36만 원	70만 원	106만 원	141만 원	177만 원	201만 원
75세	44만 원	88만 원	133만 원	177만 원	212만 원	212만 원
80세	56만 원	112만 원	168만 원	225만 원	231만 원	231만 원
85세	72만 원	145만 원	218만 원	262만 원	262만 원	262만 원
90세	97만 원	194만 원	291만 원	326만 원	326만 원	326만 원

주택연금 가입 및 이용 조건

항목	내용
나이	부부 모두 만 65세 이상
지급 기간	부부 모두 사망 시까지
연금지급 방식	순수종신형 : 매월 일정액을 평생 지급 종신혼합형 : 대출한도의 30% 이내에서 수시 인출 가능
대상 주택	가입 당시 시가(한국감정원 시세 기준) 6억 원 이하의 단독 및 공동주택 부부 기준 1가구 1주택으로 제한
거주 요건	연금 수령 기간에는 해당 주택에 계속 거주해야 함 신규 구입 주택도 즉시 가입 가능
대출금리	3개월 양도성예금(CD) 금리 + 1.1% 포인트
보증료	① 초기보증료 : 주택가격의 2% ② 연보증료 : 대출잔액의 연 0.5%
세제혜택	① 공시가격 3억 원 이하 ② 국민주택 규모(85m²) 이하 ③ 연간 소득 120만 원 이하로 세 요건을 모두 갖춘 경우 재산세 25% 감면, 대출이자비용에 대한 200만 원 한도 내 소득공제, 근저당 설정 시 등록세 면제 (설정액의 0.2%)
취급 금융회사	국민·신한·우리·하나·기업은행, 농협중앙회·삼성화재·흥국생명

자료 : 한국주택금융공사

없다. 그런 리스크를 정부가 보증하겠다는 것이 곧 정부 보증 주택 연금이다. 또한 부부 중 한 명이 먼저 사망하더라도 나머지 한 명에게 연금이 종신토록 지급된다.

물론 과거에도 금융권의 주택연금상품이 있었으나 종신지급형

연금이 아니었고 담보가치를 토대로 연금 지급을 일정 기간으로 미리 제한했던 점을 감안하면 정부 보증 주택연금은 상품이 아니라 은퇴 관련 공적제도인 셈이다.

따라서 이제 거주 주택을 유동성 있는 은퇴자산으로 전환할 수 있게 되었으니 당장의 5060세대에게넨 반가운 제도일 수밖에 없고 은퇴가 목전에 닿은 4050세대뿐만 아니라 장기적인 안목에서는 2030세대에 걸쳐 은퇴 관련 자산 포트폴리오 구성을 상당히 여유 있게 할 수 있는 기반을 확보하게 되었다. 그 결과 아파트와 같은 거주 주택을 은퇴 이전까진 거주 공간으로 이용하고 은퇴 이후엔 은퇴자산으로 활용할 수 있게 된 것이다.

물론 그렇다고 무리한 빚을 내어가면서까지 주택을 구입할 일은 아니다. 그 결과 다른 자산에 투자할 여력이 없어 일생 동안 아무리 잘해야 주택 하나 달랑 남는 위험을 초래할 수 있다.

다만 주택연금의 단점이 있다면 연금 지급 기간 중 해당 주택에 계속 거주해야 한다거나 지급받는 연금액이 현금가치 하락을 반영하지 않는 절대액 기준이라는 점이다. 아울러 부부 포함 만 65세 이상이 되어야 하고 신청일 기준 1가구 1주택에 한해 이용할 수 있다는 것도 불편한 대목이다.

또한 연금 지급 기간 동안 주택가격이 상승하게 되면 연금 지급액이 증가하는 것이 아니라 그때까지 지급받은 금액과 이자 등을 되갚은 후 다시 신청해야 한다는 점, 그리고 부부가 모두 사망한 후 당시의 주택가격을 기준으로 그동안의 지급액 등을 정산할 때 단순히 지급된 연금액만을 기준으로 하는 것이 아니라 지급된 총

	주택연금		현재 나이	기대수명
지급총액	1억 1160만 원(월 93만 원)		65	82
이자총액	725만 4천 원(연 6.5%)		70	84
비용총액	357만 9천 원(보험료)		75	85
세제혜택	365만 원(재산세 감면 등)		80	88
변제총액	1억 196만 3천 원(지급액+이자+비용−세제혜택)		85	91
실질이자	36%		90	94

주택연금 가입 10년 뒤, 정산하면 (노인이 시가 3억 원 집으로 10년간 대출할 시)
자료 : 재정경제부, 금융연구원 등(집값 연간 4% 인상 기점)

연령별 기대수명 (단위 : 세)
자료 : 통계청

연금액 + 연 6.5%의 대출이자 딪 평균여명을 고려한 보험료가 합산되어 평가되므로 부부가 모두 평균여명을 채우지 못하고 사망하는 경우엔 득보다 실이 더 클 수 있다는 점이다. (주택연금 가입 10년 뒤 정산하면, 표 참조)

결론적으로 주택연금은 평균수명을 넘겨 장수하는 사람에게 더 큰 도움이 되는 제도이다. 따라서 주택연금제도는 다른 은퇴용 금융자산과 함께 이용할 수 있도록 미리부터 유연한 은퇴 포트폴리오를 마련해가는 것이 필요하다.

간병비용을 잡아라, 노인요양보장제도

요즘 사회면 기사를 들춰보다 보면 노인 자살이라든가 자식들로부터 내팽개쳐진 노인들에 대한 기사를 수월찮게 접할 수 있다.

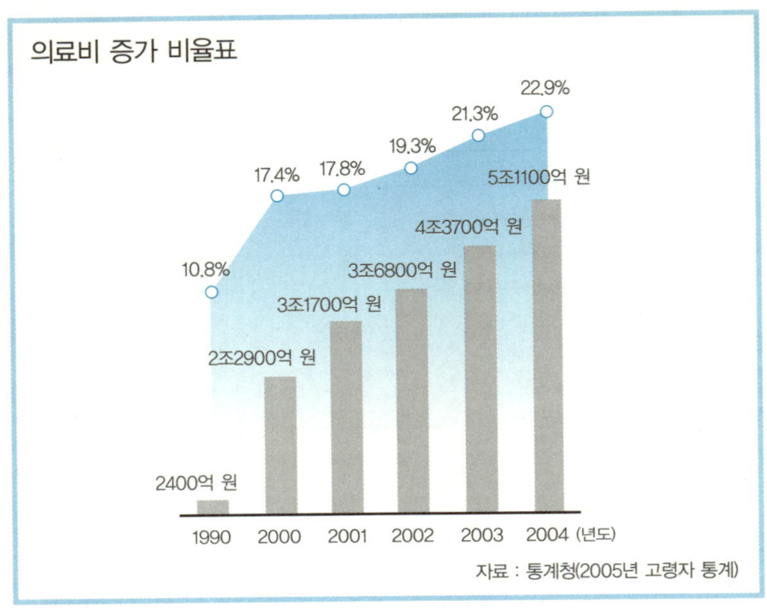

그렇게 된 이유 가운데 하나가 노인치매 및 간병에 대한 비용 증가에 있다는 것은 이미 공공연한 사실이다.

의료비가 증가하는 것처럼 노인 간병에 대한 비용 역시 만만찮게 증가하고 그 부담에 겨운 자녀들이 부모를 방치하는가 하면 스스로 모멸감과 수치심을 느낀 노인들이 결국 자살을 택하는 악순환이 반복되고 있는 것이다.

일반적으로 은퇴 자금의 연령별 비용 곡선은 다음과 같다.

즉 은퇴 초기인 5060세대에서는 여러 가지 다양한 활동으로 인해 지출이 증가한 후 일정 기간이 지나면서 활동량의 감소로 다시 지출이 줄어든다. 하지만 70대 이후부터 지출이 늘어나는 이유는 바로 노인 의료비 때문이고 갈수록 평균수명이 늘어난다고 보면

218

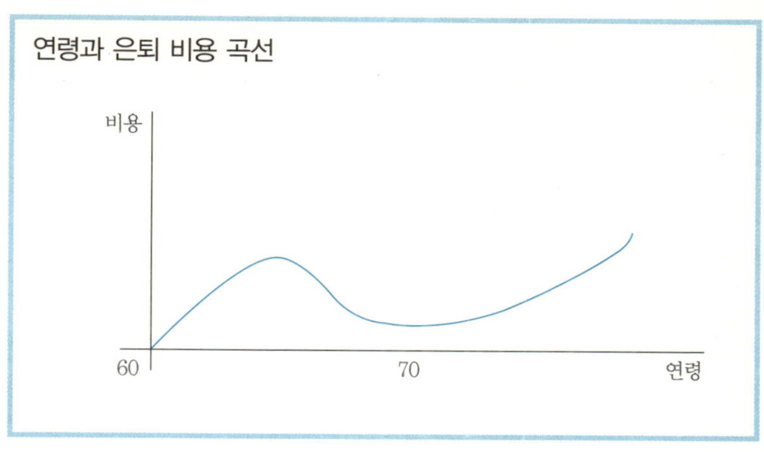

그 비용 또한 개인이 준비하고 감당하기엔 역부족이다.

노인요양보장제도는 이웃 일본에서 지난 2000년부터 시행하고 있는 노인개호보험을 원용하였는데, 65세 이상 노인 가운데 치매, 중풍 등 중증 노인성 질환자들을 대상으로 시설보호 서비스와 방문간병 및 수발, 목욕, 복지용구 대여, 구입 지원 등 요양 서비스를 지원한다. 기존의 국민연금, 건강보험, 산재보험, 고용보험 등에 추가하여 5대 사회보험체계로 운영되며 보험료는 점진적으로 인상하여 기존 건강보험 보험료의 10% 정도까지 예상하고 있다.

2030의 입장에서 이 제도는 당장 괜한 보험료 지출만 추가되는 것 아니냐는 생각을 가질 수 있으나 기본적으로는 자녀가 함께 고민하지 않을 수 없는 부모 세대의 의료비 문제를 사회 공동의 책임으로 전환한다는 점에서 결국 장기적으로는 4060은 물론 2030세대에까지 본인들의 실질 은퇴비용을 경감시키는 효과를 가져올 수 있으리라 생각된다.

　그렇다고 노인요양보장제도를 실질적인 은퇴 대비 자산항목에서 구체적으로 감안해야 할 것은 아니다. 가령 119 긴급출동처럼 무형의 정부 서비스 가운데 노인 간병에 대한 서비스가 추가되는 정도의 인식이면 족하기 때문에 구체적인 은퇴 설계에서 반영되어야 할 것은 없다.

마라토너는 혼자 뛰지 않는다
함께 달리는 동료가 있고 그를 지켜보는 관중이 있다.

IMF는 두고두고 경제학자와 사회학자 사이에서 차용될 것이다. 그야말로 IMF는 전쟁 다음으로 국가 사회 경제 및 기업과 가정의 뚜렷한 변화를 유발한 변곡점이 되었다.

그때부터 갈수록 개인주의가 팽배해지고 경쟁이 심해졌다. 그렇다고 단지 개인만 잘해서 살아갈 수 있는 세상도 아니다. 내가 아무리 안전운전을 한다 하더라도 갑자기 중앙선을 넘어온 차량과 정면충돌하고 음주차량에 의해 뒤에서 추돌당하며 자살을 각오한 거리의 행인이 달려 들어오는 것을 피하지 못하는 것과 같다.

그래서 나는 오늘의 한국을 몹쓸 개인주의가 아니라 생산적인 개별주의가 지배하는 세상으로 바라본다. 개인 단위의 경제 주체가 그 독립성에 대한 최대한의 존중을 받으면서 전체를 구성할 때, 전체의 생산성은 배가된다. 문제는 그로 인해 증가된 생산물을 어떻게 나누느냐에 달려 있고 그것이 곧 기업과 정부가 해야 할 몫이다.

실제로 IMF 이후 우리 경제는 몇 차례의 위기 가운데서도 꾸준한 성장세를 견지해왔다. 이것을 나는 몹쓸 개인주의의 결과로 이해하고 싶지는 않다. 다만 그 과실을 나누는 소위 복지를 통한 분배정책을 연구하고 적용하는 움직임이 더욱 활발하게 이루어져 개인으로서 삶의 가치가 회복된 따뜻한 개별주의로 나타날 수 있기를 기대한다.

설령 10년 후 은퇴를 향한 꿈과 계획이 아무리 개인적인 것이라 하더라도 우리 각자가 좀 더 공동체에 대한 거시적인 안목으로 다가가면 좋겠다. 내가 해야 할 일은 다섯 가지 핵심 관리를 중심으로 준비하고 계획하면서 실천하는 것이지만, 그것이 내 가족과 회사 및 사회에 동시에 기여하는 방향으로 진행되어나간다면 당면한 저출산, 과도한 교육 및 주택비용, 육아 및 노인복지, 고용구조 등 사회문제가 함께 개선되면서 개인의 은퇴비용을 더 줄일 수 있다.

인생은 마라톤이다. 그러나 마라토너는 혼자 뛰지 않는다. 함께 달리는 동료가 있고 그를 지켜보는 거리의 관중이 있으며 그가 들이쉬는 공기와 그를 뛰게 만드는 적절한 긴장이 있다.

힘들거든 주변을 돌아보자. 더 힘든 사람들을 보게 될 것이고 그런 사람들에게 내가 가진 아주 작은 것을 건넬 때 그들은 우리의 경쟁자가 아닌 동료란 사실을 느낄 수 있다.

호흡은 가쁠지라도 체온이 따뜻한 사람.

10년 후 진정한 은퇴는 당신이 바로 그런 사람이 되었
을 때 완성된다.

화끈하게 일하고 신나게 떠나라
한국형 은퇴플랜

초판 1쇄 인쇄 2007년 9월 28일
초판 1쇄 발행 2007년 10월 5일

지은이 김광주
펴낸이 이대희 **펴낸곳** 지훈출판사

기획편집 허남희 **디자인** 심정희 **마케팅** 신진식, 윤태영
교정 임정연 **경영지원** 안지영, 김정미
공급처(서경서적) 전화 02-737-0904 팩스 02-723-4925

출판등록 2004년 8월 27일 제300-2004-167호
주소 서울시 종로구 필운동 278-5 세일빌딩 지층
전화 02-738-5535~6 **팩스** 02-738-5539
E-mail jihoonbook@naver.com

ISBN 978-89-91974-12-8 03320